油气行业 数字化转型

比特、字节和桶

[美] 杰弗里·坎恩（Geoffrey Cann）
[美] 瑞秋·戈伊丹（Rachael Goydan） ◎著

李　欣　张珈铭　汪文洁　邱茂鑫　焦姣 ◎等译

石油工业出版社

内容提要

本书全面探讨了油气行业数字化转型的核心要素。定义了"数字化"概念，介绍了领先企业经验。详述了关键技术工具及其协同作用。分析了数字化对油气行业价值链各环节的影响，包括提升运营效率、加强数据管理和风险控制。最后，探讨了领导者和董事会在转型中的角色，强调关键任务的重要性，并提供了具体策略和实施步骤。

本书可作为油气行业数智化工作者的参考指南，助力企业应对未来市场需求和挑战。

图书在版编目（CIP）数据

比特、字节和桶 /（美）杰弗里·坎恩,（美）瑞秋·戈伊丹著；李欣等译. -- 北京：石油工业出版社，2024.11. -- ISBN 978-7-5183-6921-8

Ⅰ. F416.22

中国国家版本馆 CIP 数据核字第 2024MR4739 号

BITS, BYTES, AND BARRELS: The Digital Transformation of Oil and Gas
By Geoffrey Cann and Rachael Goydan
ISBN: 978-1-9995149-0-7
Copyright © 2019 by Geoffrey Cann and Rachael Goydan
All rights reserved.
Simplified Chinese edition Copyright © 2024 Petroleum Industry Press
The Simplified Chinese edition is published by arrangement with Transatlantic Literary Agency Inc., through The Grayhawk Agency Ltd.
No part of this book may be stored, reproduced or transmitted in any form or by any means, electronic or mechanical, including photocopying, recording, or by any information storage and retrieval system, without written permission from the copyright holder.

本简体中文版由作者授权出版，仅限在中华人民共和国境内（不包括香港特别行政区、澳门特别行政区和台湾地区）销售。版权所有，侵权必究。

北京市版权局著作权合同登记号：01-2023-5513

出版发行：石油工业出版社
（北京安定门外安华里 2 区 1 号　100011）
网　　址：www.petropub.com
编辑部：（010）64210387　图书营销中心：（010）64523633
经　　销：全国新华书店
印　　刷：北京中石油彩色印刷有限责任公司

2024 年 11 月第 1 版　2024 年 11 月第 1 次印刷
710×1000 毫米　开本：1/16　印张：13.75
字数：230 千字

定价：78.00 元
（如出现印装质量问题，我社图书营销中心负责调换）
版权所有，翻印必究

《比特、字节和桶》编委会

组　　长：李　欣　张珈铭
副组长：汪文洁　邱茂鑫　焦　姣
成　　员：（按姓氏笔画排序）
　　　　　毕建中　任义丽　刘　帅　刘　茜　苏乾潇
　　　　　李晓光　张华珍　郑紫路　侯　立　黄睿琦

序

当前，以"云大物移智"（云计算、大数据、物联网、移动互联网、人工智能）为代表的新一代信息技术，正在深刻改变着全球产业格局。油气行业作为国民经济的支柱产业之一，正处于数字化转型的关键时期，正在向以数字化、智能化为核心特征的第五次技术革命迈进。纵观国际油气巨头，他们在数字化、智能化等技术方面一直保持着先发优势。无论是上游勘探开发，还是中、下游炼化与销售，数字化解决方案的应用，已然成为降本增效的重要途径。

然而，我国油气行业的数字化进程在一定程度上仍显滞后。据统计，我国油气行业参与数字化生态的比例约40%，低于其他行业49%的平均水平。值得关注的是，现有的数字化创新多集中于下游炼化等产业。在当前技术框架下，油藏仍是一个难以揭示的"黑箱"。如何有效融合物联网、大数据、云计算与人工智能等前沿技术，深入解析地下油藏，提高边际油气资源的开发效率，是我国油气行业亟需攻克的重大挑战。

基于此，系统学习和借鉴国际油气行业数字化转型的先进经验，对于提升我国油气行业的数字化、智能化水平具有重要意义。不仅能够丰富科研管理人员的知识储备，增强企业数字化转型能力，还将推动我国油气行业整体竞争力的提升。鉴于此，中国石油勘探开发研究院、中国石油长庆油田公司、中国石油集团经济技术研究院与石油工业出版社秉持先进性、实用性和有效性的原则，组织精英力量，精选国际知名出版社和学者的最新著作进行引进翻译，编纂形成了这套《油气行业数字化转型》丛书。本丛书全面涵盖了国际油气行业数字化转型的前沿理论、最新认知和有效实践，是一套很具参考价值的学术性著作。

丛书的引进、翻译和出版过程中，各参与单位通力合作，在图书选题、组织协调、质量把控等方面发挥了重要作用。一批具有深厚学术造诣和丰富实践经验的专家学者参与了翻译和审校工作，力保丛书的学术质量和实用价值。

展望未来，数字化转型将成为推动我国油气行业高质量发展的关键驱动力。衷心希望这套丛书能够成为业内重要参考，为相关企业、科研机构和高等院校等提供智力支持，推动我国油气行业在数字化浪潮中抢占先机，助力实现跨越式发展。同时，结合我国油气资源禀赋特点和勘探开发难题，在消化吸收国际经验的基础上，积极开展原创性研究，为我国油气行业的数字化转型贡献中国智慧、提供中国方案。

中国科学院院士：

2024 年 11 月 18 日

译者前言

本书是一部关于推动油气行业加速数字化转型的前沿论著，对我国能源行业的可持续发展具有重要的指导意义。作者杰弗里·坎恩先生在油气行业深耕三十余载，积累了丰富的数字化转型实践经验，其洞见对我国油气企业的技术创新和管理变革都有着积极的启示作用。

坎恩先生的职业生涯始于加拿大帝国石油公司，历经全球多个知名能源企业，包括德勤、森科能源、赫斯基能源等。其跨国界、跨文化的工作经历，为我们提供了一个全球化视角来审视油气行业的数字化进程。这种视角对于我国正在加快推进的能源革命和数字化转型战略尤为重要。

本书内容丰富，涵盖了数字化的本质、油气行业数字化转型的关键技术、典型案例分析、转型的必要性、人才结构变革、风险与挑战、最佳实践以及转型路径等核心议题。这些内容与我国"十四五"规划中提出的加快发展现代能源体系、推动能源清洁低碳安全高效利用的战略目标高度契合。

值得注意的是，本书不仅关注技术层面，还深入探讨了数字化转型对企业文化、组织结构和人才培养的影响。这种全方位的思考方式，对于我国油气企业在数字化浪潮中实现跨越式发展具有重要的借鉴意义。

在全球能源格局深刻变革、数字技术快速迭代的背景下，我国油气行业正面临前所未有的机遇与挑战。本书为我们提供了一个难得的窗口，让我们得以借鉴国际先进经验，结合中国实际，走出一条具有中国特色的油气行业数字化转型之路。

衷心希望这本书能够激发我国油气行业的创新思维，推动产学研深度融合，为实现能源安全、绿色低碳发展做出更大贡献。同时，也期待本书能够成为政策制定者、企业管理者和科研工作者的重要参考，共同为中国乃至全球能源行业的可持续发展贡献智慧和力量。

本书由李欣、张珈铭统稿，汪文洁、邱茂鑫、焦姣等校正，共分为5章。引言由张华珍、刘帅奇翻译，第1章由李晓光、苏乾潇翻译，第2章由侯立、刘茜翻译，第3章由毕建中、任义丽翻译，第4章由李欣、郑紫路翻译，第5章由张珈铭、黄睿琦翻译。

由于译者水平有限，翻译时难免存在疏漏、不妥之处，恳请读者批评指正！

《比特、字节和桶》一书获得的好评

石油产量将会达到峰值？油气资源稀缺？油价上涨？恰恰相反，能源行业正处于资源丰富和饱受价格压力的新时代。在《比特、字节和桶》一书中，作者就进取型能源领导者如何利用数字技术将颠覆性挑战转化为时代机遇的来龙去脉进行了翔实的介绍，并提出了宝贵的建议。

——Peter Tertzakian

ARC能源研究所执行理事

《比特、字节和桶》一书全面阐述了能源业务中有关数字技术的问题和机遇。书中丰富的示例充分展示了数字技术对公司产生的根本性影响，可以为各公司推进数字化战略指点迷津。作者以通俗易懂的语言清晰地阐释了一个极具专业性的复杂课题。无论是对于油气行业的高管还是IT专业人士来说，这都是一本难得可贵的数字化转型指南！

——Brian Truelove

美国赫斯公司前高级副总裁兼首席信息官

科技、创新和商业模式的变革正在快速影响着油气行业，但有时速度还是不够快。《比特、字节和桶》是一本非常棒的入门读物，介绍了目前以及将来能源行业为增强其适应性和竞争力可以采用的创新方式，非常适合董事会成员、最高管理层以及那些希望了解科技如何启动有效内部创新的人士研读。我个人强力推荐这本书。

——Samantha Stuart

加拿大横加公司战略与企业发展副总裁

《比特、字节和桶》一书不仅开诚布公地探讨了数字技术在油气行业的潜在应用情况，还充分描述了项目实施不善的隐患。书中大量翔实的例证极具启发性，论证了公司应该实行数字化转型的原因。本书备受青睐，对于那些考虑在其组织中全面部署数字技术的人士，极具借鉴意义。

——Tom Muecke
美国某大型私有油气公司中从事40年上游研究和运营工作的专家

本书深入浅出、务实且富有洞见，及时填补了油气行业数字化转型市场的空白。如果您希望一次性全面了解油气行业数字化转型的关键主题和概念，本书为不二之选，我个人强烈推荐！

——John Pillay 博士
澳大利亚沃利帕森斯集团全球数字化转型总监

本书切合实际、通俗易懂，翔实地介绍了油气行业数字化创新的现状，指明了高层领导者的可持续发展方向。若您希望确保自己的油气公司永葆活力，则本书不可不读。

——Judy Fairburn
某大型能源公司董事会董事、前执行副总裁兼首席数字官

有趣的是，石油和天然气是由恐龙时期的远古生物遗骸演变而来，在提到技术的采用和实施时，油气行业又经常被称作"恐龙"行业。在《比特、字节和桶》一书中，作者坎恩和戈伊丹为我们呈献了一份令人满意的"菜单"，"菜单"上每个主题都值得仔细品味。作为"恐龙"行业的下游公司，我们的文化和工厂也在缓慢地实施数字化转型。我赞同作者的观点，即：尽管万事开头难，但是，一旦迈出了第一步，接下来的路就会好走很多。在本书中，作者清楚地表明，对于油气行业来说，只有两条路可走：要么接受数字变革，要么为其所淘汰。置身其中的我们，如果不希望被淘汰，请务必研读本书。

——Douglas H. Smith
美国 Texmark 公司首席执行官

在油气行业董事会成员和高管探索数字化转型的过程中,本书可为其指明方向、答疑解惑,以免误入歧途或行差踏错,同时还可以创造新的价值来源。本书清晰地梳理了那些令人困惑的主题,并将其关联到现实油气世界的每一步进展中。

——Andrew Slaughter

德勤能源解决方案中心执行理事

作者杰弗里·坎恩和瑞秋·戈伊丹对复杂且快速发展的数字技术在油气行业的应用情况进行了简单易懂的介绍。油气行业中的许多人士认为,油气行业很难接受新的理念和技术。本书作者为我们呈现了油气数字世界最前沿、最具前瞻性的观点,能够帮助董事会成员、高管、工程师、业务开发人员、研究人员和战略制定人员坚定数字化转型的信心,并评估需要开发和关注的领域,扫除盲点。

——Andy Doyle-Linden

卡尔加里大学哈斯凯恩商学院顾问兼企业战略讲师、高级工商管理硕士

从传统的经商之道转入前沿的数字世界领域,许多油气行业的从业者可能会感到有些可怕和困惑。关于如何完美地实现这一转变,切实可用且操作性强的建议和见解难寻。针对油气行业数字化转型的一路荆棘,作者杰弗里·坎恩和瑞秋·戈伊丹化繁为简,以通俗易懂的方式清晰明确地为我们厘清了道路。

——Mushahid Khan

APS Plastics and Manufacturing 公司首席执行官兼董事会成员

《比特、字节和桶》中的观点填补了人们关于油气行业数字化转型的认识空白,澄清了关于"什么是数字化转型"这一主题的关键要点。对于想要探寻如何在石油需求不断增长的情况下实现油气数字化开发的人员,本书可为他们提供切实洞见。

——David Smethurst

Hitachi Vantara 公司能源部首席技术官

数字化解决方案必将引起能源行业的变革。《比特、字节和桶》一书为能源行业高管开辟数字化转型道路指明了方向和路线。作者杰弗里和瑞秋从全球视角出发，借鉴了世界各地各行各业的成功模式，并就如何利用新兴数字技术实现油气行业的数字化转型提出了切实可行的建议。我个人强烈推荐本书，希望所有与能源行业相关的人士都能一阅。

——Marty Reed

Evok Innovations 首席执行官

作为一家石化产品生产商，Texmark 较早地采用了工业物联网（IIoT）解决方案。两年前，我们与合作伙伴一道开启了数字化转型之旅，真希望本书在那之前就已出版。书中有关上游产业链的数字化解决方案令人欢欣鼓舞，而这些解决方案带来的各种可能性也让我们备受启发。对于我们这支由操作员、技工、工程师以及管理人员组成的精益化、多元化团队来说，数字化解决方案和创新思维方式彻底改变了我们处理业务、优化流程、确保安全、排除故障、组织培训以及维持日常运营的方式。因此，我将本书推荐给那些想要试行数字解决方案的领导者和高管，同时建议他们为企业中的每人都发一本。

——Linda Salinas

美国 Texmark 公司运营副总裁

由杰弗里·坎恩和瑞秋·戈伊丹合著的《比特、字节和桶》一书，讲述了如何制定数字化战略，如何打造数字化文化以及如何让 IT 和运营部门参与其中。本书对于那些熟悉油气行业的人来说很有吸引力，对于那些不熟悉的人来说也很容易理解。总之，这是难得的前沿资料。

——Soheil Asgarpour

加拿大石油技术联盟首席执行官

《比特、字节和桶》一书公正地评判了工业数字技术。这些技术对于面临数字化转型挑战的组织来说，可能会感到有些眼花缭乱、困惑不已。如果某个能源或采矿企业希望将组织战略锁定于互联未来,那么,对于它的董事会成员和高管来说,本书是最佳的必备读物。

——Azad Hessamodini
伍德集团战略与发展总裁

将本书献给：

Marjorie——感谢她在本书编写的过程中给予的坚定不移的信念和支持，感谢她悉心聆听杰弗里读出的每一个字。

Sampat——感谢他的正直、奉献和友谊，感谢他为瑞秋整个职业生涯中提供的睿智建议、给予的无私支持与协助。

目录

绪论 ……………………………………………………………… 1

1 什么是数字化 …………………………………………… 7
1.1 海量数据 ………………………………………………… 9
1.2 廉价算力 ………………………………………………… 10
1.3 高速网络 ………………………………………………… 12
1.4 领先企业的经验与教训 ………………………………… 13
1.5 要点梳理 ………………………………………………… 18
参考文献 ……………………………………………………… 19

2 油气行业实现数字化转型的关键工具 …………………… 20
2.1 云计算 …………………………………………………… 21
2.2 企业资源规划（ERP） ………………………………… 24
2.3 人工智能 ………………………………………………… 27
2.4 工业物联网 ……………………………………………… 34
2.5 自主技术 ………………………………………………… 37
2.6 3D 打印 ………………………………………………… 41
2.7 数字现实 ………………………………………………… 44
2.8 游戏化 …………………………………………………… 47
2.9 区块链 …………………………………………………… 50
2.10 数字技术组合 …………………………………………… 57
2.11 要点梳理 ………………………………………………… 65
参考文献 ……………………………………………………… 66

3 数字化转型对油气行业价值链的影响 ………………… 68

- 3.1 资源勘查 ………………………………………… 70
- 3.2 油气田开发 ……………………………………… 74
- 3.3 工程技术 ………………………………………… 79
- 3.4 炼油化工 ………………………………………… 84
- 3.5 油气销售 ………………………………………… 88
- 3.6 工程建设 ………………………………………… 97
- 3.7 维护作业 ………………………………………… 102
- 3.8 职能部门 ………………………………………… 107
- 3.9 要点梳理 ………………………………………… 111
- 参考文献 ……………………………………………… 111

4 领导者在数字化转型中的角色 …………………… 115

- 4.1 做好管理架构工作 ……………………………… 116
- 4.2 迈出第一步是最难的 …………………………… 120
- 4.3 处理令人棘手的数据 …………………………… 124
- 4.4 应对网络风险 …………………………………… 129
- 4.5 人力资源 ………………………………………… 133
- 4.6 敏捷开发法 ……………………………………… 138
- 4.7 引领变革 ………………………………………… 141
- 4.8 销售系统的数字化解决方案 …………………… 149
- 4.9 要点梳理 ………………………………………… 152
- 参考文献 ……………………………………………… 152

5 董事会数字化转型中的角色 ……………………… 154

- 5.1 善于洞察数字领域的发展先机 ………………… 154
- 5.2 董事会意识不断提高 …………………………… 156
- 5.3 未来情景 ………………………………………… 164

5.4 什么是数字化战略 …………………………………… 168
　　5.5 生态系统的作用 ……………………………………… 175
　　5.6 设定数字化目标 ……………………………………… 179
　　5.7 经济论据 ……………………………………………… 182
　　5.8 要点梳理 ……………………………………………… 187
　　参考文献 ………………………………………………… 187

后记 ………………………………………………………… 189
致谢 ………………………………………………………… 192
术语表和缩略语 …………………………………………… 193

绪　论

　　油气行业作为周期性行业，其繁荣与萧条不断更迭——当油井数量减少，而需求又持续上涨时，油气行业就会步入下一个繁荣期。2008年，油价冲底，从远超100美元/桶暴跌至30美元/桶。2014年，随着需求增长到每天9500万桶，油价才又重新攀升至100美元/桶。

　　目前全球油气行业正处于变革的十字路口。几十年来，在多种力量的共同作用下，石油需求的增长首次趋于平缓，尤其是在交通运输领域。动力传动技术的替代方案（包括混合动力和纯电动）正在快速推进，可再生能源和电池技术得到了显著优化；消费者的偏好逐渐转向共享汽车；全球脱碳运动似乎也在给油气行业施加强硬的下行压力。

　　每个国家应对变革的战略都不一样：一些较小的欧洲国家打算将化石能源从其能源组合中完全剔除；中国在最新的五年计划中明确表示，有意成为可再生能源、电池技术和新交通技术的全球领导者，但同时仍呈现出强劲的石油消费增长前景；印度等其他大国也存在较大的石油消费增长空间。

　　对于大多数油气生产商而言，大宗商品市场下行周期的标准管理策略已不再发挥效力。采购团队无情地挤压供应链的价值空间，使其不得不做出价格让步。管理团队掌握着资本预算，但需要追求最佳的赢利机会。数十万个工作岗位遭淘汰，其中的大部分来自服务公司和工程公司。破产率已经达到顶峰，董事会也在更换其首席执行官。同时，成本削减策略却使该行业目前的盈利水平超过了2014年油价见顶时的水平。

　　荷兰皇家壳牌公司2018年第一季度的业绩报告显示，在油价为60美元/桶的情况下，该公司获得的利润与以前100美元/桶时的利润水平相当。高盛集团在2017年初的报告称，在油价为52美元/桶的情况下，欧洲石油公司获得了与以前109美元/桶时相同的利润。

与此同时，油气的实际供应量和潜在供应量正在以惊人的速度增长。该行业通过技术创新，已经成功实现从石油峰值到长期充沛的永久性改变。作为回应，全球许多生产商在2015年和2016年开始尽可能地提高产量以维持市场份额。油价也从超过100美元/桶的历史高位回落至28美元/桶的历史低点，然后才慢慢回升。在我完成本书的2018年年中，油价仍然只有67美元/桶。事实上，一些行业观察家得出的结论是，如果各缔约国完全落实《巴黎协定》——将全球平均温升保持在相对于前工业化水平2℃以内，我们目前已发现的化石资源都无须被完全消费。

目前，一些城市和国家已在采取应对气候变化行动，降低化石能源对环境的影响：英国、法国、德国、荷兰、挪威等国已宣布，几年后将禁止车辆使用汽油和柴油，其中一些国家可能到2025年就开始实行禁令；法国和新西兰计划完全停止油气生产；几乎完全建立在油气出口之上的、全球最大主权财富基金的挪威主权财富基金，也打算从化石能源业务中撤资。

在油气行业未来的发展中，数字化创新发挥着决定性的作用，是以下三大变革的驱动力：

（1）扩大油气的供应量。

（2）降低生产成本并提高生产力。

（3）减少对化石能源的需求。

人工智能和机器学习可以帮助人们发现大量低成本、高质量的油气藏（尤其是新型页岩资源），可有效扩大油气供应量。在发现和生产油气的偏远地区，无人机和潜水器可逐渐代替人类以执行更危险、更耗资的任务，人力成本也在不断下降。同时，数字技术还有助于优化生产运营和监控温室气体排放情况，油气行业的生产力也会得到改善。区块链解决方案提高了业务运行效率，降低了油气在整个价值链中流动的核算和交易成本。互联共享自动驾驶汽车的出现，减少了燃料需求。许多其他行业在其供应链中采用了上述技术后，燃料消耗量也有所下降。

除了可能扩大供应、降低成本和削减需求外，数字化创新还可以催生新的商业模式，彻底颠覆油气行业。汽油消费者可以通过应用程序订购派送到其车上的燃料，这样不但减少了客户去加油站的次数，而且可能会使加油站资产面临无人光顾的困境。受益于云计算技术的进步，油气行业参与者可将资源信息汇集到云端，并使用最强大的数据分析工具——这些工具过去只有业内领先公司才拥有。资源数据与资源拥有者的分离或将催生出轻资产型企业。

油气公司一直是计算机技术的积极用户——尤其在勘探领域，运行着世界上最强大的超级计算机，但面对已经彻底颠覆零售、娱乐、金融服务等其他行业的数字革命浪潮，油气公司才刚刚开始接受转变。数字化转型瓦解了许多行业（即媒体、音乐、零售和消费品）既定的商业模式，但同时也为涉足该领域的创新者创造了巨大的财富。

根据德国Statista公司全球公司排名报告显示，2017年，全球市值最大的10家公司中有6家都是数字公司：亚马逊（Amazon）、苹果（Apple）、脸书（Facebook）、Alphabet、微软（Microsoft）和腾讯。《福布斯》报告称，2017年，全球收入排名前十的公司中有4家是油气公司：中国石油天然气集团公司、中国石油化工集团公司、荷兰皇家壳牌公司和埃克森美孚公司。只有埃克森美孚公司和苹果公司同时进入两项排名中的前十名。

油气公司在进行变革时通常会比较谨慎，这主要是出于安全考虑。然而，数字革命已经到来，油气行业必须摆脱对风险的逃避，接受变革，否则就有可能沦落到与石棉和烟草等不受欢迎的行业一样的境遇，进而严重影响其吸引和留住下一代优秀人才的能力。事实上，油气行业许多高管也都在探询这个问题，即油气企业如何能像其他行业企业那样快速实现数字化转型。

本书探讨了与油气行业数字化转型相关的一些主题，具体包括：

（1）什么是数字化？

（2）需要重点关注哪些最重要的数字技术？

（3）油气行业数字化转型的典型案例有哪些？

（4）为什么油气行业必须接受数字化转型？

（5）油气行业的人才格局将如何变化？

（6）油气行业数字化转型面临的具体风险和实行障碍有哪些？

（7）油气行业数字化转型最理想的实践方式是什么？

（8）油气公司如何开始进行数字化转型？

有些人认为，要将市值最大的行业与收入最高的行业进行融合是一项极其艰巨的任务，因为这两个行业规模庞大、范围广泛。也有些人认为，这更像是一项徒劳无益的工作，尤其是数字行业正在呈指数级变化。无论如何，我都认为有必要在几年后更新本书中的研究结论。

因为主要针对的是油气行业，因此在开始写这本书时就设定了几个目标：

（1）提供访谈资料。油气行业的领导们不断受到数字化转型方面的媒体报道、会议邀请以及科技公司相关游说的狂轰滥炸。技术创新已经从少数业内人士和老牌企业主导逐渐扩大转向至大量初创企业。

（2）覆盖整个油气行业。油气行业范围广泛，包括陆上、海上、上游、中游、炼化、储运和销售领域。数字化转型对整个油气行业都有影响，而不仅局限于面向消费者的销售领域。

（3）消除对数字化转型的偏见。大多数有关油气行业数字化创新方面的报道都来自科技公司或商业咨询公司。这些报道缺乏独立性，在一定程度上限制了油气行业的数字化转型。

（4）通俗易懂地表达观点。数字行业和油气行业都有各自的术语、缩写和行业用语。为了确保沟通的有效性，对话需要打破晦涩难懂的专业模式，提供更有意义的洞见。即使如此，仍有必要使用一些行业术语。因此，为了便于理解，本书在最后随附了一个术语表。

有鉴于此，本书的受众群体可能包括：

（1）油气公司董事会成员——他们可能正在努力理解数字化转型的内涵、挑战和机遇。

（2）油气公司高管团队——他们正在尝试抓住数字化转型的机遇，并在其组织中实施变革。

（3）科技公司——他们拥有可能对油气行业而言至关重要的数字化解决方案，但可能不了解油气行业与数字行业的区别。

（4）监管人员和政策制定者——他们需要随时了解科技对社会、经济和环境产生的积极影响。

对于如此复杂的主题内容，应该如何做好阅读？我建议所有读者都从第1章开始，因为这一章给出了数字化的定义，这是其他章节内容的基础。第2章探讨了可能对整个油气行业影响最大的、少数的关键数字技术，这部分所有人都会感兴趣，包括科技公司。第3章着眼于经过我认真筛选过的油气行业不同领域特有的数字化转型，您可以选择性地阅读那些与您业务相匹配的部分。第4章论述了要获得数字化收益需要克服的关键挑战，包括人才和技能短缺、网络风险、油气行业谨慎的商业文化以及制度障碍。最后，第5章介绍了启动和加快油气行业数字化转型的方向和路线。每个章节的最后部分都附有一些要点总结，供您斟酌。

阅读完本书后，无论您在政府或企业中担任何种职务，您都能更深入地了解数字技术如何从根本上优化油气行业以及如何在实践中成功地部署数字化解决方案。

您可能已经注意到本书为两人合著，但为了简单起见，我们都是以第一人称的角度进行陈述。

我担任油气行业商业顾问已有30多年。从加拿大麦吉尔大学获得计算机编程学士学位后，入职多伦多的帝国石油公司，由此，我开始探析油气行业的规模和范围，以及对社会的影响和科技的作用。然后，我又回到加拿大韦士敦大学毅伟商学院攻读工商管理学硕士。最后，我加入了全球最大的专业服务公司——德勤。此后，我辗转于多个大陆和不同国家的油气公司，为加拿大森科能源公司、加拿大赫斯基能源公司、加拿大自然资源公司、加拿大安桥管道公司、欧文石油公司、澳大利亚起源能源公司、加拿大精密钻井公司、Calfrac油井服务公司、CE Franklin（现称为 DistributionNOW）、韩国国家石油公司等企业提供咨询服务。从德勤退休后，我继续就数字化创新对油气行业的影响为油气公司及科技企业的董事会和管理团队提供咨询建议。

——杰弗里·坎恩（Geoffrey Cann）

我比较看重终身学习和持续创新，也一直致力于将这些理念融入我的工作。自2001年加入德勤以来，我一直担任多个行业的客户顾问。入职伊始，我直接作为顾问或者作为董事会志愿者在教育、银行及电信行业提供咨询服务。12年前,我开始转战能源领域。最终,我遇到了杰弗里,开始为整个能源价值链的客户实现数字化转型而努力。我在宾夕法尼亚大学获得了心理学学士学位,然后在麻省理工学院斯隆管理学院获得了工商管理学硕士学位(专攻信息技术与业务转型)。

——瑞秋·戈伊丹(Rachael Goydan)

1 什么是数字化

尽管我们普遍使用数字化一词来表述现代经济特征，但是，数字化实际上指什么？并没有一个公认的定义。对于85后、90后乃至00后而言，数字化是日常生活中不可或缺的一部分。对于工程师而言，数字化可能与模拟相关；对于律师而言，数字化可能是一种具有不同知识产权的新型资产；对于银行家而言，数字化可能是未来的商业模式。

人们经常问我"什么是数字化"，坦率地讲，我也很难回答。但是，我可以概括出数字化的三个关键要素：海量数据、分析能力、互联能力。大多数人认可的数字设备、数字化解决方案以及数字化服务都包含这三个要素。

海量数据：海量数据是数字化的大动脉。数字设备、数字化解决方案以及数字化服务都会生成并使用海量的数据。

分析能力：数字设备、数字化解决方案以及数字化服务都需要计算或处理数据的能力。

互联能力：数字设备、数字化解决方案以及数字化服务都需要网络连接能力，以使得数字设备之间可相互连通以交换或共享数据或算力。

数字单元（可能是实体物件、运行流程或业务模型）是具备这三个基本要素且按照某种配置运行的事物。

智能手机就是一个数字单元：手机可存储数据，如通讯录、音乐文件和地图；手机具有分析功能，其应用程序通过执行运算获取结果，如计算两点之间的距离；手机之间可实现互联互通，因为手机不仅可通过蜂窝数据连接互联网，并且还嵌入了多种网络连接技术，如Wi-Fi和蓝牙。

油气领域也有很多数字单元。

（1）储罐液位计——储罐液位计的尺寸在不断变小，成本和电力需求也在不断降低，而其功能却在不断增强。澳大利亚内陆无人机机场的储罐上安装了液位计，燃料供应商可实时查看储罐内的油量，以便按需进行补充。

（2）汽车——新一代汽车配备了数字智能设备，不仅车辆之间可以互联互通，而且还可与智能交通环境进行通信。保时捷公司正在将区块链技术嵌入其新款跑车。

（3）阀门——随着传感器和执行器成本不断下降，即使像阀门这种传统的非智能化设备也可产生数据，通过网络与监控系统连接。钻头、流量计、电动机和过滤器（流程制造的基本模块）等也是如此。

一切事物都可实现数字化，进而加入数字世界中。下面这个案例会让人感到很搞笑，但却很具启发性：高科技鱼缸通过传感器来监测温度、盐度、光照和酸碱平衡状态，并且鱼缸还可通过网络连接将传感器收集到的数据发送到远程监控系统。最近，有一犯罪分子通过黑入某赌场的高科技鱼缸，窃取了赌场财务系统的登录账号及密码。

数字化的三个关键要素（数据、分析与互联）都依赖芯片技术的发展，数字单元存储数据、进行运算以及启用网络连接的操作都需要通过芯片实现。随着芯片技术不断进步，早期芯片的获取成本降至零（制造商基本上放弃了生产）。因此，从经济角度来看，可将芯片集成到所有物件上。芯片正变得更小、更薄、更轻，而且最关键的是，芯片运行所耗费的电能也更少。

我们都听闻过关于晶体管以及计算机芯片正在经历指数级增长，以及这种增长对电子行业影响的报道。因为数字化的三大要素（数据、分析和互联）都基于芯片技术的发展，因此数字化也正经历大规模增长。

芯片制造业领军企业英特尔公司的联合创始人 Gordon Moore 在1965年发现，计算机芯片上的晶体管数量似乎每年都会翻一番。这种在单位时间内持续加倍的现象被称为摩尔定律。需要高度关注这种在生命周期早期呈现指数级增长的事物，因为它们会在人们毫无察觉的情况下，突然成为庞然巨物。数字世界中的很多事物都符合这种规律。

芯片性能呈指数级增长的同时，其成本也在呈指数级下降。某种极端情况下，随着芯片接近零成本，数字单元的数据存储和分析能力可以是无限的。油气行业的发展一直受自然条件的约束，而数字化正在创造一个丰裕的世界。

第一次注意到数字技术对我个人生活的影响，是在出差的旅途中。15年前，我出差仅会携带较少的电子产品，如笔记本电脑、便携电话等。现在，我会携带一大堆电子产品，包括智能手机、智能手表、触控笔、平板电脑、笔记本电脑、鼠标、无线耳机、无线耳塞、充电宝以及各式各样的充电线和充电头。酒店提供的插座数量很少，难以满足我的充电需求。未来，衣物和行李箱也将实现电子化，届时旅客的充电需求会更难被满足。

▶ 1.1 海量数据

我们所创造的、在存储设备中以 0 和 1 表示的数据，一直在以惊人的速度迅猛增长。国际能源署（IEA）的报告显示，2015—2016 年间，全球生成的数据量（90%）几乎与世界上所有存储系统中已存的数据量一样多。正是不断增多的电子设备以及日益数字化的生活方式，促成了这种高速增长。

一张高质量的照片包含 8~10 兆字节（MB）数据。大多数人甚至不再删除照片，只是将它们存放在手机或电脑中。

在智能手机上拍摄时长为 10 分钟的高质量视频会占用 1.5GB 存储空间。每分钟大约有 400 小时的视频上传到 YouTube（视频网站）。

一次标准的航班会产生 1TB 数据，自动驾驶汽车和卡车也会产生差不多体量的数据。

就增长速度而言，工业数据赶不上消费数据。这是因为工业领域尚未为其所有资产、机器以及人员配备传感器。随着工业资产逐渐实现数字化，它们同样也会产生海量数据。每架空客或波音飞机上都装有数百个传感器，这些传感器在整个飞行过程中每隔十分之一秒、百分之一秒甚至千分之一秒都会产生大量的离散数据。

加拿大埃德蒙顿东北部的第一代新型炼厂将配备 25000 个传感器，比以前的炼油厂高出一个数量级。每个传感器每秒都会产生稳定的测量数据流。油气行业已经迎来了数字工厂时代。

比特、字节和桶

除了数据的量级显著增长，数据的形式也在发生变化。早期的计算机系统只能处理高度结构化的数据，例如电子表格中的数字和字母。但现代数据几乎可以采用任何形式，包括照片、波动信号、音频、视频等非结构化数据以及振动和气味等感知数据。

生物的DNA也可表征为数据，这一研究进展举足轻重。在工业界，通过调查事物或物质的DNA并将其与登记的DNA样本进行比对，很快就能判断出它们的来源。油气行业很快也将迎来这样的时代，即从某桶石油中抽取样本，通过测试石油样本中的微生物，即可确定这桶石油来自哪个油田。注重环保的油气生产商，以及那些为保护环境投入更多资金的国家，其产品将获取更高的溢价。

如何分析这些海量数据，是目前面临的新挑战。用于数据分析、解释、可视化和监控的工具和技术，需要跟上数据量的增长需求、数据在不同单元的流动需求以及数据用户的分析需求。过去使用的电子表格绝对无法胜任这项工作。

▷ 1.2　廉价算力

分析能力是算力的另一种表达方式，与数据量一样，正经历快速发展的增长期。这一点不足为奇，因为分析能力也基于芯片技术（尽管不是存储数据的芯片）。分析能力取决于安装在电路板上的处理器芯片和执行数学运算的软件。数据和处理器芯片都处于蓬勃发展阶段。

芯片既可以是高度专业化的（用于电子游戏或机器人控制等高强度任务），也可以是通用化的（用于笔记本电脑和台式电脑）。目前，汽车制造商正基于电子游戏芯片处理视觉数据的能力来设计汽车的自动驾驶系统。

传感器从根本上来说都是芯片。用于GPS、定位、摄像、感光、声音和语音处理的廉价传感器，都只是带有嵌入式软件的处理器芯片。

芯片需要利用电力来维持长时间连续运行。为了防止芯片过热和电池耗尽情况的发生，工程师们一直致力于节电设计，使得每一代芯片的耗电水平都在下降。

在功能提升的基础上，除了功耗、尺寸大幅下降之外，芯片的成本也大幅缩减。因此，可将芯片安装在很多油气领域的设备中，如泵、阀门和仪表等。

我们可以感受到芯片发展对自己的影响。我佩戴的苹果智能手表零售价几百美元，但其分析能力与20世纪80年代价值数百万美元的克雷超级计算机相当。现在智能手机的功能也与20世纪60年代开启美国国家航空航天局（NASA）登月计划的大型机系统大致相同。而且，短短十数年间，智能手机就从稀罕事物发展成为现代生活的必备品。

尽管各行各业布设传感器的目的各不相同，但都在加快安装传感器的速度。据罗兰贝格国际管理咨询公司（Roland Berger）估计，2015年全球共安装了150亿个智能传感器，到2020年，传感器的数量预计将超过300亿个。由此推动了工业物联网（IIoT）的出现——泵和电机、阀门和仪表、管道和储罐、电线和开关等都在安装传感器。一旦安装到位并投入使用，传感器就会持续产生数据，需使用局域网或互联网将数据传出。

油气行业可利用数据获取巨大收益：能够通过传感器提高可见性，意味着可以更快地（甚至是在问题出现之前）检测到影响安全和环保方面的问题（如石油泄漏或溢出等）；能够更好地了解设备性能，意味着设备能够高速安全地运行更长的时间；能够更快地收集并处理更准确的现场数据，意味着油气公司能够加快其所购服务的支付流程。

用于计算的芯片需要软件代码来执行数学运算。与芯片类似，软件开发也呈现出指数级增长的特征。

现在的编程语言更易于学习，通常具有可视化交互界面、高度可重复使用性以及标准化等特征，因此编码人员的工作效率也会更高。排序、分析和映射等计算需求也是内嵌式的，相对简单化。

编程语言应用的愈发普遍，不再呈现基于资产或应用程序的专业化特征。因此，也更容易招聘到编程人员。

使用通用芯片组，意味着工业设备的软件系统开发与商业软件或Web应用程序的开发类似。

目前，油气公司也接受开源代码——自由开发和公开共享的软件，这样既可以加快新解决方案的交付速度，又可以降低开发成本。

1.3 高速网络

数字化的最后一个关键要素是互联能力。如果设备之间无法实现互联互通，具有海量数据和分析功能的设备只是一个没有太多用处的计算器。芯片、运算能力以及软件开发的成本都在下降，促使电信行业仅用了短短一代人的时间就实现了非凡的互联能力。从1991年开始，随着2G网络的推出，电信行业已经发展出3G、4G、长期演进（LTE）、近场通信（NFC）、蓝牙，包括现在的5G。

世界正变得高度互联。据IEA的统计，2016年初：

（1）全球约54%的家庭拥有互联网服务，80%的家庭能够使用电力，这些家庭主要集中在发达国家，但发展中国家的增长速度也在加快；

（2）全球约有35亿互联网个人用户；

（3）全球约有77亿手机用户（能够使用数字服务的用户数量）；

（4）估计全球约有80亿个无生命物件连上了互联网，到2030年将增长到300亿个。

通过网络传送的数据量充分表明了互联的渗透性和需求量。1974年，全球网络在一个月内传输的数据总量为1TB。2016年，全球网络每秒可传送1TB数据，相比之前的数据量增加了250万倍。

目前没有任何迹象表明数据量的增长趋势将会趋于平缓。相反，传感器数量的增长以及分析能力的增强表明，数据量将会持续增长。事实上，我们数字世界中的某些技术创新仍处于早期应用阶段（例如自动驾驶汽车），这表明数据联网的需求仍会继续强势增长。

加拿大油气生产的领军企业自然资源公司与该国的电信供应商展开竞争，参与了电信频谱的拍卖。因为对于那些未来需要获得更好网络连接功能的大型工业企业来说，高效的网络联通能力已成为首要问题。

在发展中国家，油气行业存在一个明显的问题，即缺乏强大且泛在的电信基础设施。即便是在加拿大这样的发达国家，这一问题也非常棘手。油气资源产地通常在远离人类聚集区的偏远地区，而电信公司推进网络覆盖区域的速度又相对缓慢，这点一直困扰着澳大利亚和加拿大以及整个海上的油气行业。在遭遇恶劣天气时，电信网络仍存在连接中断的问题，这一问题对需要持续监控危险性的基础设施构成了严峻挑战。

▷ 1.4 领先企业的经验与教训

迄今，虽然数字化变革浪潮对油气行业的影响不大，但却对其他行业较早进行数字化转型的企业产生了深远影响。为了避免踏入同样的误区，同时确保充分利用数字化的力量，后续进行数字化转型的企业（如油气公司）有必要借鉴前人的经验教训。

1.4.1 新型商业模式

关于数字化转型，最重要的一点是数字化解决方案开启了不同以往的新型商业模式，能够实现更令人振奋的价值交换。例如，PlantMiner 公司整合了土木工程设备的闲置产能，并将其提供给全球市场；Cars2Go 公司可将任意停车位转变成租车公司，并且用户无须再签订烦琐的租车合约；芬兰的一家初创公司 Whim 创新了出行理念，即其客户只需按月支付低廉的会费，就可以无限制地使用租车、共享汽车、出租车、公共汽车、渡轮、优步（Uber，打车软件）以及租赁自行车服务；通过 GasNinjas 软件可购买燃油并将其派送到车辆，GasNinjas 公司的燃油销售业务，不但不需加油站，甚至可以外包油罐车。

此类商业模式的绝对优势在于，它们处理的往往是轻资产和信息密集型业务，对数据的重视程度高于基础设施。而大宗商品和重工业领域的人们仍坚信，资产所有权以及资产相关数据的所有权是成功的关键。就某一阶段而言，新进入者可能很难弄清楚如何在没有资产的情况下经营一家重工业企业。

数字化采油服务是油气行业的一项新兴服务，即：一家石油公司将其表现欠佳的资产提供给更精通数字技术的运营商。运营商将最新的数字思维应用于该资产。通过共享改进后的生产效益，两者获得双赢（数字服务公司从中获益更多）。不难看出，这样一家先进的数字化公司很可能成为生产行业的优步——只拥有软件，但没有资产。

1.4.2 生态系统的重要性

数字世界同时在如此多的维度上以惊人的速度不断扩张，不仅大多数组织来不及接受，数字行业的参与者们自认也无法跟上数字世界的扩张步伐，更不用说超越了。那些新进入数字世界的企业往往专注于某些特定领域，以求获取早期的现金流并占据特定市场的主导权。那些互联组织的生态系统往往也只是涉及几家大型支柱企业和一些小型专业机构。

生态系统在整个数字世界中无处不在。例如，本书大部分内容都是在苹果 iPad Pro 平板电脑上完成的。以前，我认为 iPad 的所有功能都出自库比蒂诺（Cupertino，苹果电脑的全球总公司所在地）人才团队之手。但如果浏览过 iPad 上的法律声明，就会发现数十家具有自主知识产权的公司都为苹果公司的产品做出了贡献。苹果公司清楚地认识到，不可能完全垄断好的创意和创新，因此也培育出了一个由相关企业构成的生态系统，这些企业的技术都可以在苹果产品线中得以发挥。

成功的数字化公司似乎都源自一个成功的生态系统，要么是像苹果这样的大型支柱企业，要么就是一些专业技术机构。选择单打独斗的公司往往无法获得发展优势。

1.4.3 网络效应

电话是网络效应最好的实例，网络范围越广、节点越多，在网络上实现的价值就会越大。如果你没有什么人可以打电话，那么拥有电话就没有什么价值了。但是，如果每个人都有电话，那么连入电话网络就变得不可或缺。而且，当具有一定规模之后，再增加一个节点也几乎不会增加什么成本。

设计数字化解决方案时，数字创新者期望能够产生网络效应，期望所有的用户、设备能够尽可能快、尽可能多地参与其中。设计人员可利用现有的云服务，而不必构建本地运算设施；可借助应用商店完成软件推广，而不再使用 CD 刻录机。同时，现在的用户界面简单直观，无须进行用户培训。由于软件通常是开源的，因此，任何人都可以免费将其整合到自己的数字创新中，并可快速复制到各解决方案中。

网络效应还具备其他优势，如规模化可在降低成本的同时，提高用户的生产力，并且能够以较低的成本实现快速创新，提升敏捷性；增值服务（以前是电话号码簿，现在是搜索、趋势预测和分析）逐渐成为新的收入来源。网络的覆盖面越广，这些属性或功能的价值就越大。

1.4.4 推广速度

数字化解决方案的应用速度与非数字化方案大相径庭。在爱迪生时代，需要花费数年时间构建并推广电话系统。很少有公司拥有快速构建起全国或全球电话系统的运营规模或财务实力。即使可以雇用海量的工人来构建网络的物理系统，也非常耗时耗力。

但是，对于现代数字化创新而言，通过利用无处不在的网络、数十亿智能手机和云计算技术，上述制约因素已基本消除。现在，只要拥有好的创意，几乎任何人都能够以惊人的速度构建起全球化数字化解决方案，如近两年在全球84个国家推出的新型拼车服务。还有，特斯拉接到用户投诉，有些人将车全天停在充电车位站。于是，特斯拉修改了充电程序，将车位可用时间限定为电池充电所需的时间。特斯拉只用了一周的时间，就在所有充电点完成这一功能设定。

今天，数字化创新的明确目标是预测网络效应的优势和影响、完成解决方案的设计、推动网络活动的高速增长和快速普及。

1.4.5 网络安全

几乎每周都有关于网络犯罪的媒体报道，从勒索软件到DoS攻击再到数据盗取。很明显，不法分子要么利用数字技术进行更广范围的攻击，要么将其部署为机器人来扰乱行业。工业设备公司可能迫切希望利用数字技术来为其阀门、泵、电机等产品赋能，但其设备必须能够使用补丁来抵御最新的病毒，必须能够通过远程控制以便在攻击之初完成关闭，还必须能够防范企图挖比特币、密谋窃取能源或数据处理流程的行为。一些较早进行数字化转型的企业低估了不法分子传播虚假新闻、扰乱选举流程、制造社会不和与异议的能力，因此，我们必须吸取他们的经验教训。类似网络安全事件破坏这类石油工业的关键问题将在第4章进行介绍。

1.4.6 价值决定一切

数字行业的领导者擅于整合本行业的关键要素（海量数据、分析能力与互联能力），利用先行企业的经验教训（网络效应、高效推广、降本方式和新型商业模式），并借助这些手段来打破业务孤岛，实现迅猛增长。撰写本书时，那些在过去15年中快速成长为大型全球化公司的数字公司，已轻而易举地取代了很多跨国企业（包括许多油气公司），成为世界上市值最大的公司（图1.1）。

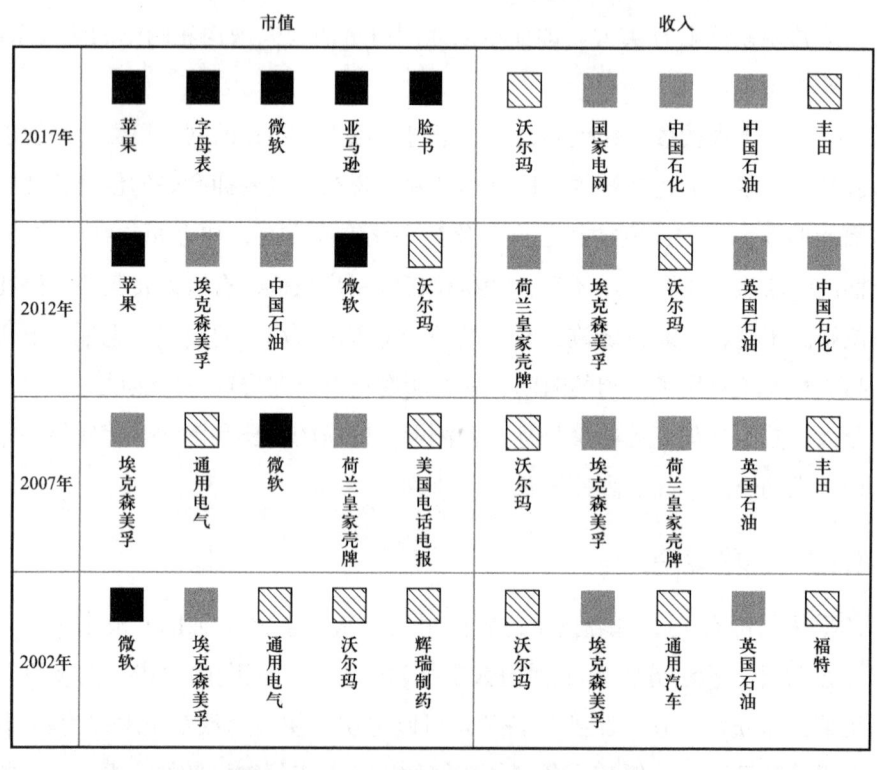

图1.1　资产密集型重工业企业与数字公司

作为网络购物的先行者，亚马逊目前在电子书、视频和音乐服务、分销和物流、广告策划、云计算和娱乐领域处于领先地位，同时在人工智能和机器学习方向也进行了大量投资。

以设计、生产和销售手机、电脑及音乐播放器而享誉全球的苹果公司，还提供iTunes、应用商店、苹果支付和苹果电视等数字服务。

作为在线搜索和广告策划领域的领军企业，字母表（谷歌母公司 Alphabet）主要提供高速光纤、物联网和医疗设备等方面的服务，此外，该公司还拥有 YouTube、Maps 和 Gmail 等大量在线资产。字母表正快速跻身云计算和人工智能领域前沿行列。

脸书（Facebook）最初是世界上最大的社交媒体网站，现在主要涉及新闻报道、广告宣传和网络购物，同时还提供移动通信（取代了电话）、照片共享等附加服务。

微软最初主要开发个人计算机软件和操作系统，如今已跨入云计算、数据库、企业资源规划（ERP）、协作与生产力工具、游戏平台、搜索引擎和社交媒体等领域的领军企业行列。

腾讯是中国社交网络和游戏、在线音乐发行、视频和娱乐领域的领军企业，其开发的软件（微信）拥有近十亿用户。

被这些领军企业瞄准的行业，无论是以直接的方式（如通过网络购物替代线下零售），还是以间接的方式（如通过网络聊天提供电话服务），都会被颠覆重塑。商业媒体中经常会有报道称某些行业、供应商和老牌企业因未能意识到此类领军企业及其他数字创新者的重要性，而难以快速接受数字化转型。许多行业被数字化重创，如零售业以及为众多零售商提供场地的大型商圈深受网络购物的影响；音乐和电视行业不堪流媒体服务的冲击；书籍、杂志、报纸等纸媒行业一直在苦苦挣扎；摄影行业尤其是电影业无力对抗网络媒体的竞争；游戏行业中电子游戏的销售额 2 倍于老式棋盘游戏；出租车行业面对优步等拼车平台只能望尘莫及。

众多企业家在不断寻找投资机会，以期利用数字化实现指数级增长、快速降低成本以及充分发挥网络效应：因为某种事物一旦开始快速增长，就很难被取代。

快速浏览一下已发布的报告主题，就可以看出大型数字公司未来的投资方向：

（1）自动驾驶汽车和交通服务；

（2）人工智能、机器学习和机器人；

（3）语音、口译和笔译；

（4）发电；

（5）家庭自动化；

（6）可穿戴设备，例如谷歌眼镜或智能手表；

（7）企业对企业（B2B）销售；

（8）医疗信息；

（9）金融服务和银行业务；

（10）医疗保健技术；

（11）游戏、娱乐和体验。

调查发现，数字公司并不直接瞄准油气行业，而是主攻对油气行业至关重要的其他关键行业——尤其是交通运输业。可联网、可共享、可自动驾驶的汽车会永久改变社会对汽油和柴油的需求，但更重要的是，这些技术创造了颠覆性的新型商业模式。许多此类创新（人工智能、可穿戴设备、金融服务）都可应用于油气领域，不仅能够降低成本、提高生产力、增强可持续性，同时还能发掘出创造性价值。事实上，许多公司已经在尝试使用数字技术来实现这一点，这也是本书接下来要探讨的话题。

▶ 1.5 要点梳理

（1）数字化包括海量数据、分析能力和互联能力三大基本要素。

（2）由于芯片技术成本不断下降，几乎任何事物（服务、产品和资产）都可以并且将会实现数字化。

（3）数字化的三大基本要素也处于高速增长中。

（4）数字行业中较早获得成功的企业多侧重于构建生态系统，专注于快速推广，实现颠覆性的新型商业模式。

（5）与资产密集型重工业企业和高收入企业相比，资本市场更看好数字公司。

（6）市场领军企业已经对那些将数字创新引入工业部门的技术进行了完善，并且，正在大力投资以期这些专业技术在其他行业（包括能源和交通运输业）中得到应用。

参 考 文 献

IOR. "Hydip Fuel Monitoring System": http://ior.com.au/fuel/fuel-management-solutions/hydip-fuel-monitoring-system.

Lee Matthews. "Criminals Hacked a Fish Tank to Steal Data from a Casino," Forbes.com (July 27, 2017): https://www.forbes.com/sites/leemathews/2017/07/27/criminals-hacked-a-fish-tank-to-steal-data-from-a-casino.

SEMI News. "Smart Sensor Sales to Double to 30 Billion Units between 2015 and 2020—But Sensor Industry Plagued by Falling Prices," Roland Berger press release (February 23, 2017): http://www.semi.org/en/press/smart-sensor-sales-double-30-billion-units-between-2015-and-2020-%E2%80%93-sensor-industry-plagued.

Government of Canada. "Applicants—Auction for residual spectrum licences in the 700 MHz, 2500 MHz, 2300 MHz and PCS-G Bands": http://www.ic.gc.ca/eic/site/smt-gst.nsf/eng/sf11390.html.

2 油气行业实现数字化转型的关键工具

> 数字化转型只是一场技术营销运动，目的是让油气企业投入资金。我是不会轻易上当受骗的。
>
> ——某大型跨国油公司首席信息官

并非所有的数字技术都具有同等价值。处于不同成熟度水平的技术所产生的影响不同，所体现出的价值也不尽相同。自 21 世纪初以来，SAP 和 Oracle 等公司出品的 ERP 系统得到了广泛应用，在大多数大型油气公司的管理模式中发挥着重要作用（图 2.1）。这些系统响应并采用了相同的底层数字创新，在油气领域中的应用已经相当成熟。数字孪生技术对于管理大型资产非常实用，但对于单个

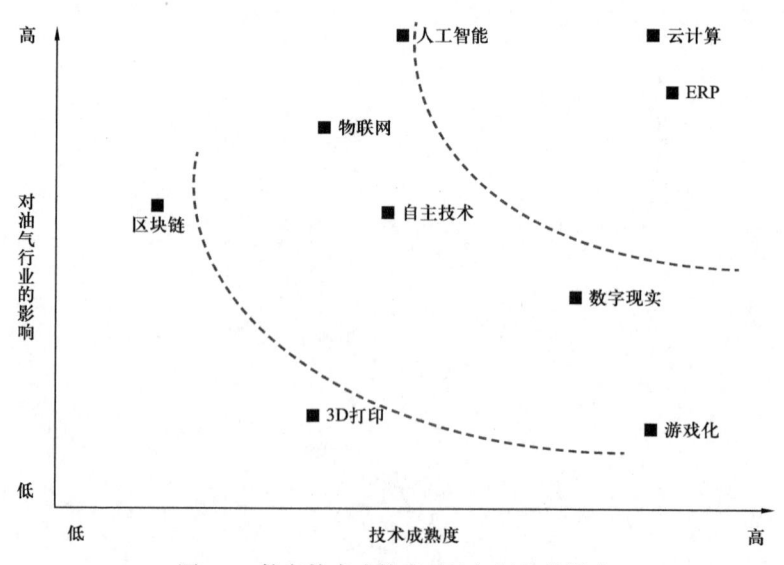

图 2.1 数字技术成熟度对油气行业的影响

加油站点则作用有限。还有一些其他技术（如区块链）发展得还不够成熟，但也会对油气行业产生深远影响。

当然，油气行业中也不乏对数字化转型持怀疑态度的反对者，毕竟该行业进行的许多数字化创新都未能实现其最初承诺的收益。尽管如此，数字化转型的浪潮已无法逆转。本章主要介绍未来几年对油气行业影响最大的数字技术、影响最为突出的领域以及这些影响将会何时出现。

2.1 云计算

- **成熟度**：高
- **优势**：高速、灵活、计算能力强
- **适用领域**：远程协作、数据存储、快速反应、为绝大多数数字工具提供平台

呈指数级发展的云计算技术是数字化的典型代表。随着用于计算和存储的芯片和网络带宽接近零成本，且功能显著增强，亚马逊、微软、谷歌等公司已建立大型数据中心，不仅拥有海量的计算机、不计其数的数据存储单元，而且还配备了强大的电力供应系统、空调系统，以及迅捷的全球通信存取能力。这种可共享算力可通过不同的商业模式（长期或短期使用），满足不同用户的需求（如数据存储、计算分析、视频流等）。

共享计算服务的显著优势吸引了越来越多曾经依赖本地计算机服务的公司。云服务可实现算力的灵活配置，可有效应对快速传播期的算力需求。Pokémon Go游戏仅在第一周就增加了700万新用户，只有云服务才能使该服务在如此短的时间、在全球范围内实现高效运行。

云计算服务非常适合奥运会等活动以及环法自行车赛等非定期体育赛事。因为这些赛事活动不常举行，但其受众群体体量庞大且对流媒体和运算的需求难以预测。油气行业也会遇到偶发事件，且大都是危机事件，如油气泄漏或安全事故等，这些事件通常会吸引大量临时受众。除最大型的油气公司以外，对于其他规模的油气公司相较于配备本地备用设施，云计算服务能够更快而且更有效地满足应急响应、现场急救、民众协调以及媒体信息发布等方面的需求。

云服务对工业的影响相当于化石能源对航空业的影响。在莱特兄弟成功飞上天之前的几十年里,工程师们已经大致理解了复杂的飞行原理,只是在技术上无法制造出一种能量强度合适、可以驱动足够强大发动机、把飞机载上云霄的燃料。自从掌握了这种燃料的生产工艺后,飞机制造技术就开始迅猛发展。与此类似,云计算服务提供了足够强大的数据存储和分析运算能力,从而可促使人工智能、远程协作、区块链等其他数字技术"腾飞"。

如果具备高流动性、高效、高迭代且富有创新精神的软件开发人员,需要在短时间内为作业场所、试验和生产系统提供强大算力,云计算服务是最好的解决方案。该技术无须为计算机进行大量的资本支出,也不会像建立本地运算服务那样耗时耗力,这就促成了一种加快创新的"敏捷"文化。许多公司报告称,近似无穷大的高效运算能力可让他们同时运行多个大型开发项目。特别是油气公司经常会构建定制化的业务解决方案,云计算将会使其获益。

许多公司都在担心云计算的安全问题。事实上,云计算服务商在物理安全、低冗余、备份和恢复、电信支持、身份管理和性能分析等领域拥有绝对优势,完全可提供卓越服务。反而是那些资源有限的内部IT组织,更难适应不同学科的快速变化。许多安全漏洞的产生都是由于内部IT组织超负荷工作,无法跟上软件供应商的补丁发布速度而造成的。由于具有一定的规模和影响力,云服务提供商通常更了解安全开发方面的最新进展。

云计算技术使本书后续章节介绍的其他数字技术创新成为可能。本质上,一些较新的解决方案都是基于云计算的,如区块链技术的应用。开发人员的结论是,为了尽可能快地获得尽可能多的用户群和收益,最好的方法就是基于云环境而不是本地环境来构建这些数字化解决方案。如Adobe这个用于生成PDF文件的软件,几乎已经将其全套产品迁移到了云端。

一些全球知名品牌(包括Airbnb、Spotify、Facebook、Twitter、Apple TV、Netflix、Uber和WhatsApp),都经历了指数级高速增长。如果没有云计算的支持,这些企业能否实现高速发展呢?当然能,但肯定没有这么快。云计算将会改善油气公司的成本结构,促进新商业模式的产生或现有商业模式的转型。

到目前为止，虽然甲骨文、谷歌、IBM、微软、亚马逊和阿里等大型企业都提供云服务，还没有一家企业明显占据市场主导地位。虽然亚马逊以45%的市场份额遥遥领先，但市场份额之争仍相当激烈。

在芯片成本如此之低的情况下，云计算服务近乎免费，任何拥有一定购买能力（即每月2000美元）的人都可以订购相关业务服务。不断降低的成本持续推动企业管理人员转向拥抱云计算服务。一些大型公司甚至会订购大量不熟知的云计算服务。坦率地讲，现在对云计算服务合约的监管力度可能都赶不上对酒店账单系统和出租车计费系统的监管力度。

云计算服务价格低廉，确实会引发商业风险。在加拿大某些司法管辖区，法律不允许利用居住省以外的云计算服务存储特定类型的数据（如居民的私人数据）。当然，大型企业构建云环境，并非旨在满足上述狭隘的需求，而是为了获得快速响应时间、低冗余和可扩展性。如果在没有进行深入研究和尽职调查的情况下就签署了廉价的云计算服务合同，很可能会导致公司违法而陷入不利境地。

不同的云计算服务侧重不同的功效，不同类型的运算负载需要不同的云计算产品，因此公司会采用多重云战略。如私有云（仅面向内部员工）对于特定秘密用途可能更有意义，而公共云则可能更适用于为大量承包商、客户和临时人员提供服务。事实上，62%的云计算服务应用者都不止与一家云计算服务提供商签署合同。因其最终可实现利用最优的云计算服务来完成工作的目的，这种做法非常有益。

现有的Web应用程序（通过Web浏览器访问）和移动应用程序正率先迁移到云端。从技术层面讲，这类解决方案的迁移速度最快，因为它们在设计和技术方面与云构建方案共享重要的基本要素。另外，某些能够"在电子围栏系统外"与供应商进行业务集成的协作解决方案，其迁移到云端的速度也相对较快。当然，对于油气行业，最重要的还是上游油气公司与其供应商之间的合作潜力。

对于油气行业来说，新型解决方案涉及服务公司、资产拥有者与工作人员之间的协作。大多数工作人员都随身携带"超级计算机"，大多数车辆都装有平板电脑，并且可以连接到网络以访问云解决方案。因此，解决方案的参与者可随时进行协同工作。更多的实时数据和最新的进展报告可支撑更准确的预见能力，因此可更加严谨、有条不紊地推进服务进度。

不断在设备上加装传感器也进一步驱动了对云计算服务需求。相较于通过有线连接到内部数据中心，通过互联网连接到云端这种无线传感器装设方式要更加便利高效。为了处理因大量工厂和设备互联而产生的海量数据和分析需求，最终各公司都会转向云服务。

云计算服务很可能是单程旅行。一旦形成了对云计算服务的依赖性，用户可能无力对抗不合理的价格上涨要求。届时，可能很难变更公司战略或更换云服务提供商，尤其是对于那些所持数据达到数拍字节（PB）的大型油气公司而言，要想快速转移其海量数据非常困难。因此，必须谨慎选择云服务提供商。

▷ 2.2 企业资源规划（ERP）

- ◆ 成熟度：高
- ◆ 优势：可靠性强、数据质量高
- ◆ 适用领域：核心业务流程、财务、供应链、人力资源

许多大型油气公司及其供应商都在使用企业资源规划（ERP）系统，其中，最常用的是 SAP（Systems Applications and Products in Data Processing）系统。油气行业或将在未来十年内迎来全面的数字化转型，届时，油气公司将大规模使用新一代 SAP 系统。

目前，许多大型油气公司完全依赖于此类大型 ERP 系统来开展业务。但是，这些系统设计之初所适用的环境已不复存在。为应对当时处理和存储能力不足的挑战，设计 ERP 系统时已进行过优化。如今，得益于云计算技术的发展，运算和存储资源变得异常丰富。旧版 ERP 系统的设计早于当今技术领域司空见惯的许多事物，比如互联网、移动设备、云计算、应用商店、大数据等。同时，由于旧版 ERP 系统的运行基于大量的数据库和服务器技术，因此成本高昂且难以维护。

油气行业使用的是世界上最复杂的 ERP 系统，软件中定制代码的数量和复杂程度难以衡量。由于通用 ERP 的功能有限，迫使油气公司将自己的专属内容直接写入 ERP 软件来定制代码，由此限制了 ERP 系统的升级能力。尼日利亚等

一些国家的独特会计准则导致其ERP系统高度专业化，因此维护和运营成本也居高不下。

尽管ERP系统的功能丰富多样、应用范围广泛，但各油气公司还需要购买和安装许多其他系统，致使其在互不兼容的技术上投入大量的资金和精力。

鉴于如此多的油气公司都依赖于SAP系统，因此，该系统对数字化转型浪潮的响应态势对油气行业至关重要。SAP计划通过新一代解决方案，重新进行技术定位以适应未来的数字世界。

全新的数字功能。

由于芯片已接近零成本，因此算力不仅丰裕而且成本较低。SAP的最新设计S4/HANA要求整个系统驻留在计算机内存芯片中，而不是在磁盘驱动器上。磁盘驱动器的移动部件偶尔会出现故障，并且受磁盘旋转速度限制运行较慢，而芯片的速度只受限于导线上电子的运动速度。由于无须通过磁盘驱动器读写数据，SAP大幅提高了系统运行速度。

20世纪80年代计算机科学倡导，数据库的设计要尽量减少冗余和重复的数据。这是因为磁盘存储成本高昂，良好的数据库设计可以最大限度地减少存储需求和降低磁盘驱动器的租赁成本。当然，这也是有代价的。数据存储于表格中（如Excel电子表格），但密切相关的重要数据（例如油井说明及其月产量）则存储于多个表中。当时的解决方案是在需要时读取这些表格并创建一个新表格，从而使磁盘存储空间保持在较低的水平，并通过计算机处理进行补偿。有时，这种设计会花费数小时计算时间来读取连接的各个表格以生成所需的报告。

但是，如果在一个计算、存储能力不受限制的世界，为什么不摒弃大量表格而直接设计更简单、更扁平化的数据库呢？那样的话，系统间的响应会快得多！事实上，一些以前不可能的查询业务也会实现标准化。

新一代SAP采用扁平化数据库设计，取代了原来数百个运行缓慢且成本高昂的读取连接程序，用户将在单个表中查询并生成报告。曾经需要单独进行的分析操作，现可在流程执行的同时完成，从而可以立即做出独特的、优化过的决策。

这种全新的设计简化了数据表格、优化了磁盘，使冗余数据不复存在。节余的空间可用于存储各种新数据（如来自设备传感器的数据）。系统响应能力提高的同时降低了后台操作成本,曾经需要集中在月末完成的流程被重新设计,未来将可每天运行。

基于云计算和扁平化数据库技术的 ERP 系统可通过 Web 浏览器进行访问。由于编写基于这些技术的系统更具成本效益,因此,SAP 将成为一个 Web 应用程序。作为云解决方案提供商,发布者只需要支持一种类型的数据库,并且只需要考虑两三类硬件设备(苹果、安卓和 Windows)即可。在系统出现问题或需要提供新功能时,可立即将最新版云服务或安全补丁分发给每一个人,而无须长时间等待升级。如此一来,不但搁浅技术资产的持有风险下降了,数据中心的成本也会随之减少。

旧版 ERP 设计早于智能手机,并且其前提是大多数工作人员都使用台式机办公。现在以及将来,越来越多的工作将通过移动设备完成。事实上,油气行业的数字化转型浪潮将始于为工作人员配备智能手机。当然,移动设备运算本身也面临着多项挑战,包括连不上网时会发生什么情况、如何确认手机的所有者,以及如何确认手机更新公司数据的权限。旧版 ERP 设计没有考虑到终端用户使用的地点(单位或家或路上)、使用的设备(手机或平板电脑或计算机)以及网络中断的可能性。

考虑到具有内置计算能力的新型智能设备和传感设备,新一代 ERP 系统需要支持这些设备并将其整合到工作流程中,最终可以将这些设备收集的数据整合,以实现更优化的分析。因此,未来汽车可能直接与 SAP 系统通信。同时,新一代 ERP 系统中还会嵌入可与物联网协同运作的区块链技术。

数字增强型 ERP 技术带来的改变包括:
(1)工作速度将会加快;
(2)数据质量将会提升;
(3)持有成本(和支持成本)将会下降;
(4)搁浅关键业务系统的技术风险将会被消除;
(5)许多难以实现的现代化(移动性或物联网)理念将触手可及;
(6)最终将具有即时分析的能力;
(7)业务模式将更加灵活——能够更快地接受创新,减少阻碍;

（8）油气行业将出现新的商业模式。

再好的软件也不可能让每个人都满意。虽然最好的ERP系统也不能让人人如意，但至少可以淘汰掉那些繁杂的软件。企业的经营是一条化繁为简的单行道。

——某大型石油公司的首席信息官

ERP系统最重要的是，要具备可对业务进行动态重新配置的能力，以应对挑战抓住机遇，如：要如何应对货运延迟对供应链的影响？如何快速发现竞争对手的出现？如何快速提高产量以保证临时供给？

对于ERP解决方案从上一代到下一代的重大转变，整个设计过程困难重重，涉及许多项复杂的变化、需要付出大量的时间和精力、需要经常更改公司议程，直至最终完成设计。与其他技术一样，最先试行的企业也会面临最多挑战，包括系统漏洞问题。企业可从先前的技术变革浪潮中学到，此类变革需要管理层的决心和强有力的管理决策，以便所有工作人员都能够顺畅地适应新的工作挑战。

不同于其他那些本身就极具吸引力的数字工具，SAP为完成版本升级设定了一个时限，5年后将会中断对其老版本的支持。经验表明，如果油气行业等到最后一刻才着手行动，到时可能没有充足的技术熟练人员帮助完成如此大规模的系统迁移工作。公共部门、制造业、银行业等行业都严重依赖SAP，他们都面临着相同的迁移截止日期。但是要确定自己的企业何时进行迁移，也是比较难做的决策。现在迁移的话，成本较低、有可用资源但风险较高；以后迁移的话，成本较高但系统相关问题已解决。大规模迁移可能需要一些时间，一些大型油气公司已经开始有所行动。

▶ 2.3 人工智能

◆ 成熟度：中等

◆ 优势：决策优化

◆ 适用领域：大数据分析、自主性、建模

我愿意相信，只有人类才拥有智力。我认为，智力是一种将人类与其他物种（动物、鱼类或昆虫）区分开来的特殊的认知技能（例如视觉感知、语言交流能力和决策)。尽管研究人员一直都认为有些生物(如乌鸦、老鼠、鹦鹉、猿、猴子和海豚)也具备初等智力,因其可使用语言技能或工具,并可对环境进行有意改造,一些聪明的猕猴甚至表现出掌握了一些经济理论和金钱含义的基本知识。

人工智能利用计算机来完成自然界智能物种可以做的部分或大部分事情,通过传感器感知世界,利用历史数据以了解先前情况,同时根据将数据代入规则后所获得的结果采取一些行动。

自动驾驶汽车是人工智能很好的范例,因其可以检测并避开障碍物,甚至预测其他移动物体的可能路径,并根据具体情况改变运动行为,例如在雨雪环境中减速。未来,许多机器人将具有类似的学习能力和对周围环境的适应性。

开发人工智能本身就是一项智能工作。有一种方法是向计算机展示1000张叉子的图片,以便其视觉传感器在发现一个物体后可以确定其是否是叉子。由谷歌开发的"Quick, Draw!"游戏鼓励人们进行网上涂鸦,而人工智能引擎则会对这些图画进行解释,并从涂鸦中学会识别现实世界的事物。

欧盟的公司必须遵守复杂的税收规定,最难的地方在于确定针对跨境运输货物征收增值税的适用性和金额,仅在这方面的税收裁决就数以千计。公司希望根据具体情况提前了解他们获得胜诉的概率,但仅仅查阅某一类案件的所有相关裁决都可能需要花费数百小时。

一家税务公司将累积的数千个案件裁决导入IBM的人工智能引擎Watson。现在,针对税务律师提出的复杂税务问题,该公司可立即搜索数千个与该问题相关的案件,甚至可根据以往案件的审理记录,计算出该案件在法院审理获得胜诉的概率。时间充足的情况下,一名出色的税务律师在识别相关案件方面的准确率是70%,而Watson可在数秒内实现90%的准确率。

人工智能成功的秘诀在于找到那些可以增强自然智能的实例,基于其使用一系列规则或采用启发式方法处理大量数据的能力,提高分析速度或优化人类决策的质量。

在油气行业实现人工智能的条件似乎已经成熟。许多经验丰富的老员工已经离开这个行业,同时带走了他们对油气行业隐秘运作规则的经验,进而产生了识别和修改规则的需求。环境变得更加复杂（更多的规章制度），这意味着需要处理更多的数据。丰富的可用数据资源扩大了信息量，减少了知识成本，缩小了误差范围。

行业新人经验不足，需要快速学习行业规则。出现问题，法院和监管机构是公正无私的。由于人力有限，许多油气公司仅能利用一小部分数据用于决策，且不太可能在没有计算机辅助的情况下使用这些数据。

人工智能在油气行业中的一个应用场景是帮助处理合约。上游油公司的合约和协议数以千计，且这些合约和协议各不相同，通常含有独特的条款、前设条件和附加条款，晦涩难懂（毕竟是由律师编写的），有效期长，有些甚至可能比编写人员及管理人员在职的时间还长。因此，几乎不可能快速确定哪些项目接近关键节点，仅仅是找到它们可能都异常困难。

人工智能可以简化该问题，就像 IBM Watson 改善欧盟的税法研究困境一样。我们利用人工智能快速判断哪些合同需要关注，以及为什么需要关注，并向管理层提出决策建议。

人工智能和机器学习可用于数据解释。随着越来越多的油气公司向基于云的人工智能引擎开放数据，他们的绩效也得到了提升。因为与人类相比，人工智能可以更快地学习并处理更多的数据。与许多其他领域一样，将人工智能应用于地震数据解释工作，将从根本上改变其解释方式。未来的地质解释将分为两种类型的工作：一种是由人工智能主导的更加常规化的工作；另一种则是由人类主导的更加高端、复杂且具有创造性的工作。

确定钻探位置是一项非常适合人工智能协助完成的任务。据澳大利亚伍德赛德石油公司（Woodside Petroleum）估计，工程师通常要花费 40% 以上的时间用于收集制订钻井计划所需的数据。他们需要获得有关以往钻井活动、成本、基础设施位置、近井测井数据、地震数据、地质解释等方面的确切数据，并且还必须突出强调需要特别注意的细节。而人工智则可以很快完成该任务。

处理现场工单是人工智能的另一个适用领域。油气公司还可能收到油田企业派发的数千张服务工单。即使这些工单是以 PDF 格式提交的电子版，又或是整整齐齐的打印版，工作人员都必须仔细核查，以确定其适用的油井，分配正确的账户代码，或暂停该代码并进行调查确认。水质和排放等合规性报告也会产生大量文件。实际上，有些油气公司雇佣的会计师和用水量合规团队成员可能比地质学家还要多。

通过使用自然语言处理技术来转换和解释文本，人工智能可以快速准确地将现场工单转换为有用数据，识别、提取出正确的数据，将数据输入恰当的系统，并做出付费或拒绝付费的决定。

2.3.1 案例研究1：Watson

澳大利亚西海岸的一些海上天然气设施已经运行了几十年，资产拥有方希望还能够再持续生产几十年。该国所有类似的海上资产以及北海等成熟盆地和加拿大油砂等新型资源，都希望维持尽可能长且高产的生命周期。这些大型资产的运行时间不仅超过了设计人员的服务年限，而且也超过了最初的工程维护人员、运营经理和物流经理（简单地说，即最初的所有员工）的在职时间。

但是，长期以来，油气行业一直是依赖于员工的经验来获取那些很难在现代系统中找到的关键资产信息。比如对于"为什么要这样设计""以前是否遇到过这个问题"等类似问题的答案，都取决于员工的记忆。我的一位客户曾经说道，久而久之，管理复杂资产的人员会不自觉地将资产印到自己的记忆中。这种模式确实已经可靠地运行了几十年，虽然人类或事件记忆有时也会出现问题（例如，当年的人员变动率超过7%时，企业的记忆也会发生变化）。但即使是在情况紧急的情况下，要想准确无误地查找或收集正确的文件，高度依赖于人的记忆也具有一定的风险性。有时，可能无法找到最了解情况的人员；有时，即使找到的人也可能记不清相关信息。特别是对于那些急需的文件，风险会更高。

资产维护团队的人员变化也会降低这种"以人为中心"策略的有效性。而且，维护团队中更多的可能是承包商和外包服务提供商。2015年油价下跌以前，石油行业工人的平均年龄为55岁以上，其中很大一部分人已经高薪退休，同时带走的是他们掌握的行业专业知识，只留下了经验不足的年轻员工。不仅人员变动比率超出了7%，而且对于一些公司来说，这些离职的人正是最了解企业发展过程的7%。

为应对这一挑战，西澳大利亚西北大陆架液化天然气项目的运营商正在实行创新改革。与许多类似的项目一样，该项目多年来已经积累了大量的研究资料，包括报告、图表、电子邮件、会议记录、调查资料、电子表格、分析资料等。在所有文档中进行查询或检索是一项艰巨的任务。随着业务不断成熟以及资产所有者不断开展消除瓶颈、扩大产能、促进增长、降低成本、改进质量等实践，相关研究资料会越来越多、越来越全面、越来越复杂，跨越的时间也会越来越久远。利用更先进的工具、技巧和技术，意味着研究可以涵盖更多的领域。与20世纪60年代通过计算尺只可进行的一次计算不同，现代计算机可以在不同的假设条件下进行数百万次模拟计算。

在高油价和管制宽松时期，资产所有者可通过留住大量高薪员工以应对这些挑战，当然也会付出一定的代价。据伍德赛德石油公司估计，约40%的工程时间都用在查找和阅读那些有用信息或文件方面。为此耗费的大量时间本可用于更创效的活动，比如进行切实的工程设计。并且，当无法找到某些分析资料时，石油公司便会不得不一次又一次地购买同一份资料。

计算机非常擅长从大量文件中快速筛选出符合一系列标准的材料。仅仅根据几个关键词，谷歌等搜索引擎便可快速准确地找到网页和文档。伍德赛德石油公司已将数百项工程研究资料输入IBM Watson AI系统，Watson一直在为这些内容编制索引以实现即时检索。现在，工程师们可以使用专业术语通过语音向Watson提出复杂的工程问题，Watson会在几秒钟内按照与该问题匹配或密切匹配的最佳顺序返回特定文档的指定内容。

问题越精确，搜索范围就越小。Watson会利用有用的证据论证其自身推理的合理性。员工会不断向系统传授哪些文档在哪些情况下最有价值，这样，Watson在解释问题以及识别更可靠答案的来源方面会变得更加智能。在这种情况下，人工智能就类似于将每位（包括前任及现任）工程师、承包商和专家的文档资料、记忆及其积累的所有专业知识都整合到一个"敏捷工程师"身上。该敏捷工程师不但可以即刻完成80%的工作，无须睡觉，无须上岸休假，而且每回答一个问题还会变得更聪明一些。

对于拥有高水平专业知识从业人员的油气行业来说，有很多可通过人工智能技术来扩充这种专业知识的机会。如同样的工程应用程序适用于许多不同场景，如油砂厂、矿藏、炼油厂、石化厂、天然气厂、管道和海上平台等。

除上述用例之外，伍德赛德石油公司还将人工智能用于油藏分析。在进行油藏分析时，石油工程师通常需要花费大量时间用于查找和筛选测井曲线、钻井记录、土地文件和油藏研究资料等。

2.3.2 案例研究2：数字孪生

人工智能的另一个分支是使用数学模型和算法对现实世界进行复杂建模。为工厂（如液化天然气设备、天然气厂、油库或炼油厂）建立虚拟模型，这种特定类型的建模被称为数字孪生。数字孪生的概念对于油气行业来说并不稀奇。无论去任何地质/油藏开发部门，都会看到大量的多维地震数据、测井曲线、模拟资料和储层模型，即地下油气资源的数字资料。借助地下储层的数字孪生体，地质学家可以模拟油气资源在不同场景（如钻井和水力压裂作业）下的表现情况。我们时常会听到一些新闻报道称，某油气公司利用超级计算机、最大的数据中心和最强大的处理器构建了最新版本的数字模型。

油气行业在数字创新方面实现的一项重大突破是，为所有的资产或整个业务流程创建功能齐全的数字孪生体。这些新版的数字孪生体通过整合多层数据，生成一个内容丰富、完全集成且分析充分的资产或业务软件，具体内容包括：

（1）工程设计资料（图表、规范和配置）——以数字术语描述工程类物理资产；

（2）维修记录（时间、执行的程序、安装的部件和安装人员）——可以帮助了解资产发挥潜力的能力；

（3）各种资产的物理制约因素（生产能力、加工量和压力）——限制资产的运行条件；

（4）各类资产运行参数（输入能量、消耗品、副产品和排放情况）——决定资产的性能；

（5）资产的财务情况（每单位的固定建造成本和运营成本）——影响业务经济效益；

（6）不确定因素（客户需求、天气事件或供应中断）——企业必须应对的现实情况。

数字孪生体可包含任意数量的资产变量，只要对资产所有者有用即可。例如风电场的数字孪生体包括风强度随时间（白天/黑夜和不同季节）变化的情况以及电力需求等；炼油厂的数字孪生体包括原油的酸碱值、硫含量和重金属组成、船舶到达率和市场需求等；油库的数字孪生体包括客户订单、供应商发货情况和各种协同操作；矿场的数字孪生体包括挖掘进度、卡车数量、员工数量和输送带运送的矿物量等。

现在技术发展得已经足够成熟，以较低的成本就可以为油气公司、发电厂和可再生能源农场等大型企业（而不是企业内的具体资产）构建一个功能齐全的端对端的数字孪生体。数字孪生体涉及的数字技术包括分析能力、云计算、廉价的传感器和最新的软件平台等。

数字孪生体的质量和效果在很大程度上取决于实物资产的构建者。在构建过程中，基本建设项目会产生大量数据，包括资产的建造者、所用材料的性质、所有部件、保修期、成本、预期的性能概况等。机械、电气、建筑等多个工程专业都会参与数字孪生体的构建过程，各专业都有自己的图表标准、分类规则和实践做法。很少有人考虑这些数据的未来价值，因此，我们经常会发现这些数据散落于许多不同的专有系统中。

2013年，澳大利亚的一个大型液化天然气（LNG）项目（当时是全球十大油气开发项目之一）将其基本建设项目划分为4个工程合同（气井、天然气处理厂、大口径管道和液化天然气厂）。项目建设结束时，得益于工程数据被完好保存，资产所有者可以很好地了解每项资产的建造方式。随后，资产所有者单独建立一套ERP系统以了解资产的运行情况，即通过ERP系统来了解资产的维护和运行成本以及人力成本。维护部门使用另外一个系统来标记所有资产、发放工作指令和保存维护记录。财务部门随后也构建了模型，用于预测资产在不同情景下经济表现。

上述各系统都保存着相同数据的不同版本，不但增加了额外成本，而且还妨碍进行跨系统分析（如优化整个业务链）。公司不得不采取措施将这些系统集成起来，这进一步增加了数据环境的复杂性和僵化性。

我们需要把数字孪生与数字模拟区分开来。很多公司并不会构建完整功能的数字孪生体，即止步于满足数字模拟功能。数字模拟，就像学人说话的鹦鹉，不能完成人类（数字孪生）能做的所有事情。工业数字模拟可能会将工程图表与ERP系统集成起来，这是值得称赞的做法。但这种做法既不能实现资产的可视化,也无法展示资产在不同条件下的实际运作方式。

油气行业中较早采用数字孪生技术的企业正在获取超额利益。数字孪生会验证关键假设并揭示无用假设。许多企业的运营假设是由员工之间代代相传的,这些假设在企业创建之初可能是准确的,但之后可能不再适用。

可利用数字孪生技术改善关键资产的使用情况,或避免某些高成本的资产运营方式,揭示出隐藏价值的可能性。在资金短缺时期,提高现有资产的周转率可能是改善业务的唯一途径。借助企业的数字孪生体,油库运营商发现,有时在油库之间移动货物常用的标准做法会在某个月份产生负收益,但通过更好地分析订单和发货等系列流程,可以将收益转负为正。

可利用数字孪生体揭示瓶颈问题和能力限制因素,这些因素在企业的财务业绩中通常并不会被显示出来。优质的数字孪生体可以添加、改善或移除资产,以模拟其行为结果,并展示最优方案。

一家资产运营商利用数字孪生体来评估,从两种资本方案中选择某种方案以实现最大收益。结果发现,虽然他们的首选方案资本成本较低,但在负荷高峰期会出现故障,而这一点在使用平均负载曲线或平滑负载曲线时是无法检测到的。另一种方案虽然资本成本更高,但在高峰期不会出现故障。通过对高峰期故障时间和故障成本进行建模分析,该公司得出结论是,选择资本成本较高的方案,其总成本较小。

2.4 工业物联网

◆ 成熟度:中高等

◆ 优势:可预见资产绩效

◆ 适用领域:设备监控、业务优化、资本决策、自动化

布设传感器并将其连入互联网的技术是成本最高的数字技术之一,未来的物联网正是基于该技术发展的。嵌入电子器件、软件、传感器、执行器,以连接车辆、设备、阀门、泵、工具以及齿轮等物理设备,并相互连接、交换数据,这种将实物连接到互联网并使其可见的商业价值才刚开始显现。数字技术公司将这些

基于传感器的互联设备描述为工业物联网（IIoT）。油气公司在基于传感器的物联网领域拥有数十年的丰富经验，即数据采集与监控系统（SCADA）。

随着传感器、芯片、分析功能和数据通信的成本逐渐降低，在泵、设备、储罐和个人装备等物体上装设传感器的优势越来越多，具体包括：

（1）提供现场员工的准确位置，以保障员工安全；

（2）使用生物识别器监测员工体态（如突然晕倒），以识别突发状况；

（3）使用增强现实技术提高现场作业质量，并降低相关成本；

（4）在平板电脑和手机上监测压力、温度和振动等关键设备信号；

（5）使用基于云的仪表精确测量体积、流量和速率；

（6）避免工具和租赁设备遗失；

（7）跟踪库存动态，提供灵活的客户服务。

工业物联网对于联网设备在油气行业中的部署位置没有太多限制。油气行业的供应商也会非常积极地将智能数字功能添加到其产品中，作为差异化竞争的手段。这些数据为油气行业带来了巨大的价值，如在提升安全性能、优化能源功耗、合理的资产利用、更敏锐的物流管理等领域。

在这一波传感器技术浪潮中，管理者需要理解其对油气行业带来重要影响，以适应工业物联网快速增长的预期。其中，最直接、最明显的影响是，如果没有网络连接，布设这些传感器将变得毫无意义。为了获取设备的数据优势，油气行业的各类资产（如海上平台、工厂和炼油厂、油井、电池、储罐、管道和码头等）必须联网。幸运的是，传感器并不需要稳定的、实时在线的、大带宽的网络连接。有些数字设备仅使用最低限度的网络带宽即可完成工作。新一代无线技术能以相对较低的成本覆盖大型工厂，且无须铺设电缆。

> 澳大利亚广阔且空旷的丛林地区无法进行地面远程通信。一家创新型传感器公司为数字油位计部署了卫星上行链路，特定卫星每天转过罐顶时会快速接收油罐储量数据。

接入端的联网设备会产生大量数据，但并非所有这些数据都具有同等价值。配备视觉分析技术（一种人工智能）的传感器不需要每秒都发送视频，只需要发送用于人工智能解释的、甚至是一帧视频即可。有关计算和分析的精确范围以及接入端生成的数据究竟具有多高的重要性,都是在设计时需要考虑的问题。

保护设备端免受网络攻击是首要事项。设备制造商之前从未在设计中融入过手机和服务器等应用的网络保护程序。身份验证、授权、补丁升级等典型的商业IT流程,对于未接触过此类流程的生产企业非常陌生。

澳大利亚某天然气公司一台监控大量气井的SCADA计算机曾经发生过一次故障。当时,大概用了48h才找到负责该系统维护的工程师。设计之初并未考虑过操作系统发生故障的可能,因此没有建立记录故障事件、联系支持团队、升级故障程序或修补设备的程序。虽然求助流程是商用IT系统的标准配置,但随着传感器设备在现场的应用越来越广泛,这种情况可能会更频繁地发生。

与数字行业普遍的开源观念不同,油气行业的技术创新通常需要保密。传统供应商提供的专有技术可能无法很好地与其他技术集成。油气行业技术的研发周期很长,从开始研发到广泛应用可能需要数年的时间。供应商需要收回投资,为此,他们会通过申请专利来保护自己的创新,而不会进行开源设计。油气行业技术的整合商(通常是大型设备制造商)会利用系列产品来尽量满足客户对设备协同作业的需求。在此过程中,他们会不经意地(或有意地)建造起了"带围墙的花园"。进入围墙内的技术得以蓬勃发展,围墙外的几乎没有应用机会。相比之下,开源技术对投资方更具吸引力,因其可被更容易地整合。

国防和军工领域的情况则有所不同。军事领域使用的技术设计必须保持开放协同状态,以实现创新保持进步,如智能炸弹、改进式雷达、加强版防护服、野战通信等。如果喷气式飞机无法做到与时俱进,无法装备最新的武器技术,那么军方就不会花费数十亿美元去购买这些战斗机。军用设备必须能够实现拿来即可使用。某国际油气公司就聘请了国防系统承包商来监管其下一个油气基础设施项目,以期在设计中引入这种创新技术。

此外,采购方还需注意传感器和设备的数据标准问题。据国际能源署(IEA)称,国际电工委员会透露,有40多个不同的机构制定了约650项网络安全标准。这种混乱的标准状态阻碍了高效协作。由于相关标准数量太多,研究并掌握如何遵守某项标准不但费时费力且成本高昂。因此,就不难理解为什么数字创新者不愿意参与其中。设备制造公司的情况则不然，该行业中制定标准的机构较少，采购时通常要求必须符合这些标准。

购买传感器设备需要考虑的最后一个因素是，必须带有配套技术（如人工智能和机器学习等技术）。物联网将会产生大量数据，而像Excel之类的工具不够强大，无法处理这些数据。无人机单次飞行产生的数据量将远远超过大型台式计算机正常分析的数据量。随着不断增加对设备的投资，以及用户需求逐渐由监控设备向数据分析设备方面转变，还需要在分析能力方面加大投资。

几乎所有油气设施都设有管理变革（MoC）流程。管理变革流程规定，必须安全地实施油气基础设施的变更，需要采取的措施包括编制技术可行性文件、详细的变更规范、质保审查、成本收益分析、制订具体实施计划、进行通知、安全审查、检查等多个环节。如果没有变更管理流程，随意变更可能会造成安全事故。这就意味着，设施升级改造难以一蹴而就，油气行业要实现智能化尚需时日。

客户希望重新设计后的设施自动化程度更高、自主管理能力更强、更加可靠。因此，随着时间的推移，客户将更趋向于购买数字化程度更高的设备。对于设备制造商来说，如果所生产的设备不具备某些数字功能，迟早会被淘汰，当然那种不得不用同类产品的替代（如非智能阀的更换）情况除外。

2.5 自主技术

- **成熟度**：设备成熟度低，流程成熟度高
- **优势**：可靠性、经济性、生产力、安全性、可访问性
- **适用领域**：无人机、车辆、潜水器、机器人

在所有应被油气行业所接受的数字技术中，自主技术备受青睐。此外，对于许多油气盆地来说，为了获得最大收益，也应加快推广自主技术解决方案。如今，许多不同类型的设备都符合或接近自主运载工具的标准，包括机器人、飞行器、潜水器和无人机等无人驾驶遥控设备。威奇托州立大学（Wichita State University）等几所高校正与油气行业密切合作，开展了数十项实验以探索自主技术在油气行业的应用潜力。

得益于数字技术的进步，我们能够安全自主地操作许多以前需要人工手动控制或驾驶的设备。数字技术如复杂数学运算、学习系统、传感设备、数据网络、摄像设备、机器人技术和数字控制器的成本在不断降低，功能却在不断增强，大多数制造商都能够接纳并采用这些技术。许多陆上和海上钻井平台、铁路机车、空中无人机、潜水器和集装箱货运场都实现了自主控制。针对运载工具、汽车、叉车、飞机、直升机、建筑设备、起重机和船舶等进行的自主控制现场试验也在不断进行。

自主设备特别适用于以下几种情景：（1）工作性质非常危险，需要采取复杂的保护措施确保员工作业安全；（2）成本较高且重复性较强的工作（如驾驶）；（3）因工作地点偏远（如在遥远的北方油矿）或所需的技能稀缺（如飞行员）而造成人工成本极高的情况。

一些油气盆地，尤其是加拿大、美国、英国和澳大利亚的油气盆地本身的特性，决定了其适于采用自主技术。这些油气盆地的特性包括：供应链很有活力且技术能力较强、网络覆盖广、劳动力成本较高、安全法规严苛、基础设施安装全面到位，以及技术转让成本较低。

油气行业非常适合于采用自主设备：

油气行业的工作会带来危险——油气伴生的烟雾和蒸汽会让人窒息或引发火灾。

工作地点通常较为偏远且条件恶劣，操作人员的人工成本高。

行业规模不断缩小，导致目前缺乏训练有素的人员。

实物资产（工厂、管道）属于长期资产，需要定期持续维护，资本回收的风险低。

油气行业的工作包含很多常规元素（油井周围作业的重型卡车，或驾车到处检查设施的操作人员）。

油气行业部署自主装置的场所不涉及公用基础设施，避免了相关风险。

2.5.1 案例研究 3：无人值守气田

澳大利亚的油气行业在自主设备创新方面取得了非凡成就。昆士兰的新气田已全面使用无人机对其资产（主要是气井）进行空中巡检。这些气井产量相对较低，但环境监管严格、数量众多且位置偏远。在此之前，公司通常会派一名现场操作员定期对油井进行巡检，但操作员驾车到达现场所需的时间较长，每个操作员可负责气井数量较少。气井操作员的轮班方式与海上石油工人类似，工作两周，休息两周。气井位置偏远，工作人员因长距离驾驶而面临严重的安全风险，同时，气井通常并不需要进行维护，采用人工巡检会造成人工成本的浪费。

通过最初的无人机试验，人们意识到，无人机完全可以胜任气井巡检工作。进行此项作业的无人机需要满足几个条件：一是能够执行夜间巡检任务，以免对正在吃草的牲畜造成干扰；二是可在各种天气条件下攀升到足够的高度（几百英尺），以超出可视范围。因此，无人机需要拥有强大的引擎和高端航空控制系统。

另外，无人机还需要具备携带大量装备的能力，如高分辨率数码相机、排放传感器、激光雷达（光探测和测距）、湿度传感器等。利用无人机拍摄的照片，可比对被洪水淹没或者被袋鼠破坏前后气井的状况，同时可查看气井附近植被的生长情况。无人机可将巡检数据上传至云端的工作系统，以便系统安排第二天的气井维护任务。无人机的巡检任务包括：确定哪些气井需要进行维护以及进行维护的原因，确定需要在操作员的卡车上装载的零部件种类和数量，有时甚至还包括根据土地所有者的访问许可和路径规划而确定气井的维护顺序。

利用无人机进行气井巡检可带来丰厚的回报。一架无人机每次飞行可以巡检超过150口井，而每名操作员每天只能巡检10口井。气田"无人化"在人力资源方面的好处，与自动驾驶运输车带来的益处相当。并且，由于减少了操作员的驾车次数，安全性也有所提高。当然，无人机操控员的薪资不菲，但所需人数远远少于原来的现场操作员。而且，由于这些人员接受过飞行操作培训，因此本身就具有很强的安全意识。此项技术将对加拿大和美国油气田规划（如加拿大西部沉积盆地以及霍恩河和蒙特尼的新型非常规油气田）产生重大影响。

2.5.2 案例研究4：自主采矿

西澳大利亚州的大型铁矿场拥有全球领先的自动驾驶运输车辆技术。这些重型卡车的作业空间界限清晰且可控（露天矿山），除了矿工之外没有其他人员。

雇用重型卡车司机的费用非常高，他们需要轮班上岗以确保矿场全天候运行。他们平时驻扎在公司出资建造的野外营地，来回乘坐航班往返于澳大利亚各地。除了航班费用、营地费用外，矿区还要为他们额外支付因其长期与家庭和社会分离而产生的社会成本费用。同样出于节约成本的目的，加拿大的油砂矿企业也在采用自动采矿设备。

自动驾驶运输车辆使用的是基于车队的学习模式。尽管每辆车都有相同的计算机控制系统，但它们之间会相互传授经验，同时具备单机虚拟学习模式。所有车辆的驾驶体验会被实时捕捉和共享，从而使系统变得越来越智能、越来越安全。监管车辆的远程控制室可以设在世界的任何地方，只要采矿公司能够雇佣到合适的员工即可。这不仅改善了员工流动情况（不必背井离乡），而且还降低了缺勤率。由于车辆并不会停止作业，因此，即使在远程操作员轮班时也不会降低生产效率。

自主设备的好处是，除非特别编程设计，否则不会改变其分配好的路径。因此，需要经常修整和维护矿山道路，以修复车辆在同一位置反复碾压造成的车辙。从好的方面来讲，自动驾驶运输车对自身操作的优化要比人类精确得多，包括道路坡度、负载、燃料成本和消耗情况、制动能力等。精确的运输能力可以确保实现精确的业务绩效。

油气行业中在自主设备方面的尝试有很多，例如：

（1）将操作员人数从几十人减少到几人的自动化钻机；

（2）在大修期间检查储罐和进行焊接作业的机器人；

（3）检查火炬烟囱（一项特别危险且棘手的工作）的无人驾驶飞行器（UAV）。

此外，油气行业在无人机应用方面还有许多其他尝试：在大修期间，利用无人机在燃料罐内寻找故障点和裂缝；水下无人机在北海和墨西哥湾执行海底作业；空中无人机在炼油厂周边飞行，监控违规情况，检查火炬烟囱和塔器状况，监测工厂的安全运行情况；无人机从空中监控大型基础设施站点的建设情况，收集有关施工进度的准确数据。

2.6 3D 打印

- 成熟度：低
- 优势：速度、控制碳排放
- 适用领域：夹具和工具、原型制作、零配件

增材制造，也称 3D 打印，是 21 世纪发明的一种生产技术。3D 打印机读取数字设计并从喷嘴喷出一层薄薄的材料（例如塑料、树脂、复合材料、水泥或钢粉），逐层堆积构建出实体物品。

可将 3D 打印对象的设计方案存储到云端，再直接传输到联网的 3D 打印机。经过客户、设计师、各工程设计专业人员、材料专家、打印人员、包装团队、物流团队、配件安装人员、现场服务和维护人员等人员的充分沟通，协作完成设计方案。

与许多其他数字产品一样，3D 打印技术的性能也呈指数级上升。这一点不足为奇，因为 3D 打印背后的支撑技术也是芯片技术。2008 年，最慢的 3D 打印机售价为 18000 美元。到 2017 年，最慢的 3D 打印机售价为 400 美元，速度却比 2008 年同种机型快 100 倍。

一些行业得出的结论是，3D 打印技术具有很高的价值：首先，3D 打印技术只打印需要的部分，因此可以产生更少的废料。这点与传统工艺不同，传统工艺通常首先要有一块实心材料，然后再用工具（如车床和钻头）去雕刻多余的材料，制造出最终的部件。产生更少的废料，就意味着本应在生产这些废料的过程中消耗的碳排放减少了。其次，如果设计得当，3D 打印部件的重量可以更轻，从而减少运输成本。再次，3D 打印技术通常可以直接打印单个复杂的零件。普通的生产方式需要先生产出多个零散部件，最后再装配在一起。3D 打印不仅节省了制造时间，而且还减少了运输多个零散部件所产生的碳排放。最后，无须等待工厂生产和运送零件。利用 3D 打印技术在现场打印零件，不仅可节省更多时间和运输成本，也可减少碳排放量。

无须设置时间，只需下载新设计方案，3D 打印机即可开始打印过程。可以减少运输包装，传统机器零件的夹具和导向器都是 3D 打印的，以便节省时间和成本。最后，由于物品都是按需打印，因此减少了库存量。

许多行业都在尝试采用3D打印技术：

（1）受蜂窝结构启发，某大型轮胎公司设计了一种新式轮胎，性能与传统轮胎相似，但所用材料很少且不需要充气。

（2）私人定制鞋类（尤其是跑鞋），有潜力开启一个对设计、颜色和形状进行定制化的全新行业，以满足客户的需求。

（3）塑料和复合材料制成的玩具可以直接在家里打印。

（4）艺术家们发现，利用3D打印技术，可尝试一些使用传统技术无法生产的新式形状和设计。

（5）与鞋类一样，由复合材料制成的新一代眼镜也将实现3D打印，以精确契合头部形状。

（6）大型3D打印，使用水泥等建筑材料来打印建筑物、桥梁和支撑结构。

（7）目前，在亚洲的一些汽车餐厅可购买精心制作的3D打印甜点。

（8）美国海军在舰艇上配备了3D打印机，因为3D打印要比将零件运送到船上更快一些。值得一提的是，该国海军正在尝试在几天内打印出执行特定任务用的新潜水器，而采用传统供应方式则需要6个月的交货期。

（9）利用3D打印技术，航空公司可打印飞机的非关键更换部件，如门把手和门闩，从而免于将整个门换掉。

（10）海军陆战队也在尝试在战场上使用3D打印技术来制造铰链和保险杠等替换零件，甚至是雪地鞋等装备。

2.6.1　对油气行业的影响

3D打印技术对油气行业的影响目前尚不明显。油气行业的流程链始于钻探、开采油气资源，然后持续不断地将原油加工成有用的产品，如汽油和航空煤油等。油气储运则利用船舶、管道、储罐和卡车等方式实现。迄今，油气贸易展中还很少展出增材制造技术。该行业习惯于在大型金属加工车间使用重型锻造和焊接工具制造设备。

对于那些难以更换的零件、关键备件以及经常出现泄漏或故障的易损零件，通过3D打印而不是传统方式加工制造，可有效避免非计划停工，进而节省时间和经济成本。那些由许多部件组成的复杂设备也可以得到简化。通用电气公司已经开始打印一些石油工具套件，包括阀门和涡轮机配件。因为3D打印可以更快地制造出更复杂的零件，并且这些零件的公差更小。

借鉴美国海军的经验，海上石油平台和钻井平台可以使用机载3D打印机来生产一些小型物品，同时还可积累设计和打印大型复杂物品的经验。

2.6.2 3D打印与石油需求

在石油需求方面，可能更能感受到3D打印技术直接而深远的影响。现在，大量的石油（约50%）都被用于交通运输业（如飞机、火车和汽车）。大部分运输业务都沿着供应线运送零部件。

我们来看一下生产一双典型跑鞋要消耗的石油量。假如跑鞋的设计厂家位于加利福尼亚，但制造鞋帮所用的棉花产自巴基斯坦，这些棉花在印度完成织染，再送到越南完成剪裁。鞋底的成型可能在东欧的工厂完成，但在中国的工厂内缝合到鞋帮上。鞋眼在台湾穿孔，鞋带可能来自哥伦比亚，鞋带塑料头在中国完成安装。包装用的纸箱可能来自美国，标签用墨水可能在德国采购，标签也在德国打印，最后的包装可能在中国南方某工厂完成。所有这一切完成后，鞋子最终运往美国市场。若要生产一双畅销的鞋子，这可能是最具成本效益的方式，但会产生大量的碳排放。某鞋业公司曾经试图计算一双跑鞋所涉及的碳排放量，结果让他们非常震惊，因为每双鞋子可能产生数磅的碳排放量。

许多制造商都在设法减少碳排放量，对于其中一些制造商来说，3D打印技术将成为重要的解决方案。因为这种工艺不但可以消除工厂内的碳足迹，也可以避免工厂外供应链的碳污染问题。利用3D打印技术，只需要将打印材料直接运送到最终产品的打印和消费地点，而无须在各个国家之间周转各种原材料。由此，最终将会减少对石油的需求。

对于油气公司来说，最简单的做法就是等待3D打印技术成熟后再做决策。市场将最终决定3D打印技术是否可以在油气领域发挥重要作用。尽管如此，据国际能源署（IEA）等油气分析机构预测，3D打印技术将有助于管控所有行业（包括油气行业）的碳足迹，优势巨大，不容小觑。

2.7 数字现实

- 成熟度：中等
- 优势：改进决策
- 适用领域：协作、培训、数据可用性

增强现实（AR）、虚拟现实（VR）和混合现实（MR）统称为数字现实（DR）。我首次了解增强现实是在电视上，当时我正在观看美式橄榄球比赛。在电视屏幕上，我可以看到坐在看台上的人明显无法获得的信息，例如到球门线的距离、在一次进攻中的剩余码数，以及球员的最新统计数据。电视屏幕上看到的这些信息增强了我对橄榄球比赛的真实感。

增强现实（AR）将会大有可为。Pokémon Go这款增强现实益智游戏在发行第一周就实现了5000万的下载量，引起了全世界的关注。油气行业通常不大关注娱乐业的发展，然而，这些现实"玩具"却可帮助油气经营活动真正降低成本。

增强现实（AR）可将数字数据与现实世界场景结合到一个屏幕上，这种屏幕可以是电视屏幕（例如我看的橄榄球比赛）、挡风玻璃、智能手机屏幕、眼镜镜片，也可以是头戴装备。数字数据与现实世界场景的结合，为用户与现实世界的交互创造了一种新的方式。Pokémon Go可利用智能手机捕捉公园、喷泉、建筑物和纪念碑等现实世界场景，以展示虚拟角色。挡风玻璃上可以显示行驶速度以及到达目的地的路线。战斗机飞行员的头戴装备将可显示高度、其他飞机的位置、燃料液位等。大多数油气贸易展览会都有增强现实工具展示，通常是和Microsoft HoloLens结合起来使用。

虚拟现实（VR）创造的是一个在视觉效果上让人身临其境的虚拟环境，在这个环境中，计算机生成的渲染情境完全取代了现实世界。VR需要使用一个能够阻止用户感知现实世界的头戴装备。当我们走入街边的电子产品商店，会看到越来越多不同种类的头戴装备，这些设备可与智能手机和平板电脑配合使用。大多数情况下，我们所看到的内容往往是向市场宣传该技术潜力的短片和游戏。

混合现实（MR）建立在AR和VR的基础之上，将虚拟世界与现实世界结合起来，其中的数字对象与实物及其数据可以共存并相互交互。在生产情景下，维护人员利用装有内置屏幕的安全帽，可直接查询或调试设备的运行状态，还可查看有关设备的维护和维修情况。

2.7.1 数字现实技术可创造价值的领域

数字现实（DR）可在人员、资产、地点和信息之间建立一个可视化连接桥梁，但当前的业务实践或业务结构却很难将这四个要素结合起来，或者，即使能够结合起来，成本也相对较高。如油气资源通常位于条件恶劣或难以到达的地区（如北极或海上），派遣工人进行巡视检查和维护成本高昂，有时甚至可能还会遭遇危险。在传感器和无人机无法完全取代作业人员的情况下，DR技术可协助现场作业人员完成工作。

处于设计阶段的油气资产尚未存于现实世界，但确实以地图、图纸和3D渲染的形式存在。工程师们完成这些图纸后会在设计中寻找与安全、设施建设等相关的问题，但平面图无法将问题全面地呈现出来，这可能会导致出现设计失误、误判关键瓶颈问题和忘记基础设施情况等。DR技术可将该过程提升到一个新的层次，能够使工程师虚拟地穿行、环绕、深入或游走于其设计中，以检测质量和安全问题，改进制造过程。

最后，需要在人员和法规不断发生变化的情况下进行资产的维护、修理或停工。实际操作培训是人类最有效的学习方式（在实践中学习），但这种方式在大规模运转的资产或海上资产中通常不具有可行性。传统的培训课程成本高昂，并且不能完全有效地解决这一问题。将数字现实技术培训模块与资产的真实模拟结合起来，可帮助大修队伍在虚拟环境中了解工作现场、关键工作实践、安全程序和团队协作情况。

2.7.2 数字现实示例

DR技术在汽车行业得到了积极的应用：一是AR和VR技术被用于从驾驶员的角度设计汽车，即根据驾驶员对汽车的外观和感觉来设计。二是利用AR技术来设计汽车制造工厂，因为汽车厂规模庞大，随处摆放着许多起重机、机器人和设备，二维图表难以呈现。三是AR和VR技术被用于制造汽车，展示了零件的组装方式，并实现了设计与制造、汽车制造商与供应链之间的协作。

虽然油气行业才刚刚开始探索 DR 技术的应用，但已取得了一些初步成果。一些海上油气资产处于海底深处，潜水人员难以到达，但海底资产仍需维修和维护。通常，这项工作都由机器人和自主潜水器完成，但 DR 技术可使场外工作人员犹如身临其境般地操纵这些人工智能机器人。多年来，壳牌公司一直在开发 SensaBot 机器人，该机器人配有传感器、摄像设备和抓握装置，可在海底执行维护、监测和救援行动。

如同电力和公用事业、铁路运输业、采矿业一样，油气行业资产分布极其广泛。当这些资产需要进行检查或维护时，现行做法是派遣一支具备必要技能和经验的团队来进行相关工作。但是，利用 DR 技术，现场工作人员可以与远程专家相互沟通，共享对工作现场的看法，同时将远程专家的指令呈现在平视显示器、头戴设备、甚至是平板电脑上。他们可以一起解决问题、审查工作步骤，以及参加安全例会。远程专家无须前往工作人员所在的位置即可体验现场情境。Fieldbit 是这方面的一个早期解决方案。

第三个示例是利用 DR 技术创建虚拟版的资产。即将三维图纸和资产数据整合到一个虚拟环境中，工作人员可以在资产建成之前或者在进入现有设施之前进行相关体验。通过 DR 技术，可利用虚拟资产解决瓶颈问题并进行安全检查。如德国林德集团利用 DR 技术，让评估人员在蓝图阶段就可以识别关键问题并予以解决。利用这些与现场情况相同的 DR 环境，员工无须进入现场就可以接受相关培训，可在虚拟环境中进行日常维护以及更多场景和事件的培训。受人类自身条件限制、沟通不畅影响、需在信息不完善的情况下做出决策，以及响应时间较短等因素的影响，人们很少能在第一时间就妥善处理好所有问题。

此外，将 DR 技术与地理数据（或地理编码）结合，可以突出显示资产可能被掩埋或隐藏的位置。管道和缆线的适当位置会显示在屏幕上，向工作人员展示可以安全地钻探、挖掘和贯穿的确切位置。在发生火灾的情况下，利用 PoindextAR 等数字技术，即使逃生通道被烟雾遮挡，佩戴 DR 显示设备的工作人员也可根据其他视觉提示离开危险区域。

最令人振奋的进展是，AR 可与带有传感器的设备（物联网）进行交互，从而能够在恰当的时间向工作人员提供与具体情境最相关的信息。例如，当设备正在运转时，传感器可以在工作人员的视线范围内以警告弹窗的形式发出通知，并且可以突出显示设备的哪些部件可以安全地进行维护。当工作人员访问最新更换的机器时，将触发按需培训和指引信息。例如，只有观看快速指导视频之后，才允许工作人员访问。

培训和指引信息可通过视图器、智能手机或平板电脑进行传送。利用 FuelFX，用户可以举起平板电脑或智能手机设备，将相机对准物体，然后在屏幕上查看与物体相关的动画和详细说明。航空业的研究表明，与仅使用 PDF 版维修说明的同行相比，使用显示维修手册内容 AR 设备后的作业速度会快 30%，准确率会提高 90%。

2.7.3 与数字现实共同进步

对于 DR 应用程序适用对象的选择，最好从当前那些成本较高或效率较低的工作流程开始，因为这些流程往往都不可及、不可见且在信息共享方面存在挑战。而这些挑战几乎无处不在。如前文中示例所述，对于那些所处位置不便、不可见或仅仅是规模比较庞大的资产来说，DR 可以改进其设计、建造、运行和维护工作流程。DR 的早期用户发现该技术的一些典型限制因素包括：要显示于屏幕上的高质量信息的可用性、传感器的复杂性及其与 DR 设备协同工作的能力，以及 DR 硬件应对严苛的油气作业环境（寒冷、潮湿和黑暗）的能力。

▶ 2.8 游戏化

- ◆ 成熟度：高
- ◆ 优势：快速采用、技术个性化、对年轻人更具吸引力
- ◆ 适用领域：安全、合规、培训、忠诚度

游戏化是指将电子游戏行业中鼓励竞争、成瘾和追求卓越的见解和技术引入其他商业领域。在我整个 30 年的职业生涯中，网络游戏一直存在，但也是最近几年电子游戏才发展成为一个大型产业。

我玩的第一个电子游戏有点让人上瘾。20 世纪 80 年代，我在麦吉尔大学（McGill University）工作了一个暑假，当时在电脑上玩了一个射击小行星游戏。当时的游戏设计很不成熟，既没有屏幕也没有游戏控制器。点阵打印机打印出缓

慢移动目标（由星号、斜线和破折号组成）的图像，玩家使用键盘输入射击顺序。学生们设法收集那些仅剩很少一点剩余使用时间的用户账号，仅仅是为了能够多玩一会儿游戏。当时，这一切显得非常高科技，但现在回过头来看，却没有那么先进了。

现在的娱乐游戏包括一系列可以增加成瘾行为的元素——积分、奖励、个性化、感官沉浸、单人或团队竞争、深度现实主义和各种游戏规则，并且划分为模拟、冒险、策略、智力游戏、动作、战斗、角色扮演或训练等多个类别。

现代工业中的游戏化示例多侧重于利用游戏来鼓励客户与产品或服务进行互动。零售商们在利用游戏吸引顾客方面不遗余力。一个很好的例子是时装设计师 Norma Kamali 通过 3D 电影和在线购物体验来让顾客在电影中找出特定物品。全球男装零售连锁店 Bonobos 吸引购物者的办法是让顾客从隐藏在其网站上的服装系列中发现特定商品，以换取购物积分。

将游戏化引入油气行业的基本要素已经成熟。目前工程设计人员只使用软件工具来设计油气基础设施，但这些设计数据也可用于创建或渲染一个纯粹的沉浸式在线游戏乐园环境。数据采集与监控系统（SCADA）生成的各种实时数据，可增加环境的真实性。随着云计算的发展，玩家不仅可以随时储存游戏进度，而且还能在多个公司、国家和站点上畅玩游戏，并且成本低廉。智能手机、平板电脑以及 HoloLens 之类的数码产品，让每个人都可以随时随地进入游戏。这些设备可以通过声音、双向通信、视频和触觉响应提供逼真的游戏体验。人工智能、神经计算和大数据的快速发展将促进油气等复杂业务实现游戏化。

基础建设项目为游戏化提供了巨大商机。建造一座大型设施，通常会涉及十几个关键专业和多个公司之间的协作，每个公司都会提出一套有关设施运作方式的特定假设和说法。经过多次会商和研讨之后，工程师们会拿出一张复杂的甘特图，图上包含数千条用简写工程术语标注的线段，并被编入业界首选的 Oracle 项目规划工具 Primavera P6 程序中。P6 是此类大型项目规划使用的主要软件工具。

通常，这些计划不可避免地包含了一些显而易见但又不易被发觉的漏洞和错误。每位做过基础建设项目的工程师可能都有过这样的经历：起重机已经做好吊装准备，但要起吊的重物却没有到位；起重机需要通过一个极其狭窄的空间才能到达吊装现场，或者要进行梁吊装的时候才发现地基还没有建好。

如果可将 P6 计划编入计算机模拟游戏引擎程序中，然后以一种慢动作视频的形式显示工作步骤，会有怎样的效果？利用这种慢动作视频有助于发现计划中不易觉察的漏洞。工程师团队可以反复"播放"该游戏并对其进行调整，以削减成本、加快执行速度，并提高设备和人员的工作效率。

还记得《壮志凌云》中的那个 Maverick 和 Goose 在教室里重演一场混战的场景吗？战斗机武器学校会对各种任务进行审查，以确认哪些活动有效、哪些无效，以及可采取什么改进措施。游戏化在基础建设项目中的第二大应用领域是取证。在大型基础建设项目结束时，工程承包商通常会向业主呈交项目实施期间发生的超额费用清单。其中有许多费用都是合理的，但也有一些是因承包商事先未做好计划而产生的费用，这些则不应由业主来承担。如果将实际作业活动加载到同一个游戏引擎中，创造出的游戏就会显示出承包商的无效工作。这样一来，业主就可拒绝支付某些超额费用，同时也促使承包商提升计划的制订能力。

游戏化也适用于员工培训。油气行业的员工安全环保培训内容包括对工作现场各种危险因素的基本认识。但是，仅仅通过抽象的图片和 PPT 就想让员工了解危害，以及将培训内容切实落实到岗位行动中，确实是一项艰巨任务。各种可被避免的事故仍在频发。利用增强现实、无人机航拍以及"找出不安全状况"等益智游戏，可帮助员工在踏入工作现场之前便做好充分准备。

如今，智能手机应用程序和摄像机记录的事件，可为安全培训提供非常多的游戏内容素材，使这些游戏与作业活动密切相关且不断更新。油气行业各公司之间在安全环保方面并不存在竞争关系，并且通常还会互相分享事故数据，以使整个行业的安全状况得到改善。

商业优化是适用游戏化的第三个领域。资产或企业的数字孪生体提供了构建游戏版本所需的大部分数据，在游戏这个安全的虚拟环境中，员工可以利用资产在现实世界条件下可能表现出的细微差别来进行学习。功能齐全的资产或企业的数字孪生体中包含多层数据，在这些数据的共同协同下，可为我们提供一个内容丰富、完全集成且具有可玩性的资产软件版本。

游戏化的炼厂包括酸值、硫含量和重金属元素含量不同的各种原油类型，以及炼厂的复杂设施和后勤部门。游戏化的油库包括客户订单、供应商发货信息和

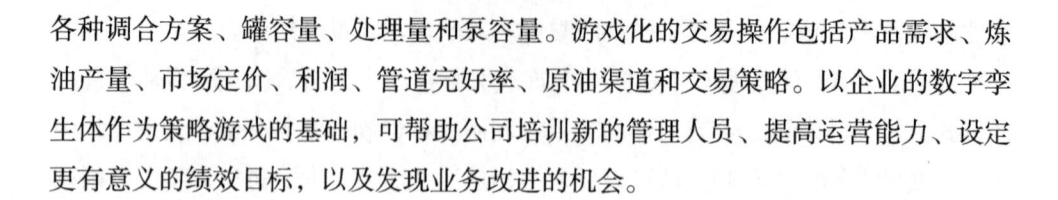

各种调合方案、罐容量、处理量和泵容量。游戏化的交易操作包括产品需求、炼油产量、市场定价、利润、管道完好率、原油渠道和交易策略。以企业的数字孪生体作为策略游戏的基础，可帮助公司培训新的管理人员、提高运营能力、设定更有意义的绩效目标，以及发现业务改进的机会。

2.9 区块链

◆ **成熟度**：低

◆ **优势**：溯源、合同结算、身份识别

◆ **适用领域**：基于信任的流程、合同、协作、争议解决

区块链或分布式账本技术（DLT）是一项最具变革性的技术，但尚未对油气行业产生重大影响。媒体报道也多侧重于新型区块链商业模式，以及带有太空时代特色名称的比特币和以太坊等加密数字货币的兴起。然而，区块链的用途远不止加密货币这一领域，该项技术最终将对油气行业的各个领域产生巨大影响。

究竟什么是区块链？以银行账户的期初余额为例，想象一下如同电子表格的每一行那样的一组记录，支出和收入交易按日期进行成行排序。区块链账本并不像存折一样只保存在一个地方（例如银行），而是存储在多台计算机上（因此被称为"分布式"账本技术）。为了确保安全，银行会在其保险库或计算机系统中为每个储户保存一份"银行记录"。但分布式账本采用的则是加密的方法，账本记录之间相互链接（因此被称为"链"），并被复制到多台计算机上，因此无法对其进行篡改。

比特币是实施分布式账本或区块链技术的一项应用。比特币在各个账户间的交易构成了分类账。每10分钟，就有2000条此类记录被组合成一个区块，并与一个随机数字（称为nonce）一起输入到一个SHA 256加密算法中。SHA 256会返回一个值，称为哈希（hash）值。比特币矿工将竞相猜测哪个随机数产生的哈希值带有最多个前导零。虽然要找到正确的随机数很难，但要进行验证却很容易，因为每个人都可以在知道随机数之后复制SHA 256计算过程。然后随机数就会被附加到由2000条记录组成的区块中，这之后就会再次进入下一个区块的组建过

程。区块链的安全性之所以那么高，就是因为只要将由 2000 条记录组成的区块中的任一个字母或数字加以更改，就会返回一个完全不同的哈希值，这意味着每个矿工都可以立即检测到是否有人试图进行欺诈而不是正确交易。

维护记录的公司（称为矿工）会将条目添加到分布式账本中。此外，条目只能添加到交易区块（因此被称为"区块"）中，并且只有在大多数矿工认为交易正确的情况下才可进行添加。由于必须经由多方同意，因此很难对区块链进行篡改，而且，由于交易之间相互关联，因此也很难利用区块链作弊。维护账本的矿工获得的报酬为比特币。借助全球网络和云计算的力量，市场参与者（如买家、卖家和矿工）可以创建高度可信的共享信息。

由于账本只是数据，人们不禁会质疑，究竟什么样的数据可以存储在这种分布式账本上？是采用积分注册制，还是采用向重复购买燃料的客户发放奖励代币（表示一种价值存储手段）的形式？尽管我们才刚刚开始了解区块链的潜在应用领域，但我非常喜欢 William Mougayar 提出的、用于描述区块链潜力的助记符 ATOMIC。

William Mougayar 是来自多伦多的一位区块链研究员和作家。他在著作中得出的结论是，以下 6 个关键社会结构的单独或结合使用，为分布式账本的潜在应用奠定了基础：

A：资产（assets）——可通过属性描述来表征的任何实体或智力资产，例如，钻石、汽车、音乐和电影。

T：信任（trust）——多方之间信任度较低的关系。

O：所有权（ownership）——涉及各方或事物之间所有权的关系。资产通常有一个所有者。

M：货币（money）——涉及货币交换的关系，例如交易和结算。

I：身份（identity）——当各方或事物的身份很重要时。在银行业，这些被称为"了解客户"原则。

C：合同（contract）——各方、资产和货币之间的关系被编入合法文件。

区块链数字解决方案可以解决现代社会的一个基本问题——信任问题,即我们不能或者不应该总是信任每个人或每一种事物。

许多进行的商业交易基于的理念是彼此足够信任才得以开展业务,但即使是在彼此信任的情况下,仍需保存相关记录。这也正是买方提交采购订单、托运人提供装箱单、卖方提供发票、银行提供存款单的原因,所有这些交易都必须有协议、合同条款和编号方案作为支持,以便实现追踪、交付和付款等流程。这些文件代表一方对交易的保障。

隐私法和机密信息保密规则都与信任问题有关。隐私法这一概念的提出就是基于各方之间缺乏信任,以及某一方在对自己有利的情况下泄露某些机密信息的可能性。如果我认为医院可能会将我的健康档案交给保险公司,那我还会将自己的档案交给医院吗?

区块链之所以会出现,是因为它不但能够显著降低成本,而且还可以减少误解、纠纷和欺诈行为。在一个运行规范的公司中,大量的经营费用都被用于建立各种保障机制,以确保与交易对手之间保持信任,以及尽可能地减少最终因误解、纠纷和欺诈所产生的费用。采取的具体措施包括:编写和跟踪已签订的所有外部合同、进行合规报告、自我监控,以及所有相关的文书工作。

在跟踪和合规方面,不仅工作量在增加,而且由于所雇用的员工比过去的文员拥有更多的技能,所需的人力成本也更高,并且一直在急剧增加。澳大利亚某经济学机构研究发现,虽然该国过去十年因实现自动化而减少了文职人员的人力成本,但雇佣核查人员的成本更高,因此降本效果被抵消了。

2.9.1　区块链潜在的应用领域

区块链在媒体领域取得了显著的应用进展,因为分布式账本技术可在很多细分领域创造新的商业模式、改变成本结构,以及提高性能。鉴于油气商品价值较高且可追溯性较差,在降低成本和提高生产力方面压力较大,交易对手之间信任度较低,交易风险较高。因此,油气行业非常适合应用区块链技术。

以土地交易为例,油气公司需要获得土地使用权,以进行勘察、勘探、评估和生产。油气公司的交易对象通常是个人土地所有者,他们对油气行业的了解较少,在土地交易中可能会因为信息不对称而处于劣势。对于这种情况,北美甚至有一个专属短语——"土地交易黑幕"。区块链技术可用于验证和消除欺诈性土地交易。

> 世界上许多国家都存在土地记录丢失或以口口相传为证的情况。在集中管理记录的情况下，新政府经常会向土地登记处派驻新的领导层，同时更改选定的土地记录，将所有权从合法的原始所有者转移到内部人员的名下。

区块链技术有助于产品销售和营销。油气产品的销售量很大，因此总价值较高，与银行间交易的规模突出，交易次数也相当频繁。为维持正常生产，日加工量为30万桶的炼厂每周都需要接收200万桶原油，而这些原油的成本可能高达1亿美元（以油价为50美元/桶计算）。油气公司还需要知道原油的来源，因为一些出口国不时地会受到制裁，被禁止进行原油交易。区块链技术可像助力银行交易那样简化石油销售流程和验证原油来源。

合资企业（JV）是信任度较低的典型示例，各方之间就资产（例如生产井）签订合约。这些合资企业通过复杂的协议进行合作，这些协议需经受住行业的跌宕起伏，也是各方分摊合资企业成本和收入的依据。大多数协议中都包含有关赋予各方相互审查的权利，以确保遵守合同相关的条款规定。合资企业（JV）的所有各方都各自保存着自己的记录，由于记录之间存在差异，因此会在采矿权使用费、成本分配和收入分配方面引起争议。如果利用区块链技术记录相关成本和收入，将会使这种情况有所缓解。

区块链技术将帮助油气公司以新颖独特的方式获取有价值的分析工具。例如，云服务中的各种分析工具、人工智能软件、算力可按照任务租用，涵盖访问计算机硬件和人工智能软件费用的租赁合同，可采用区块链上的智能合同，无须人工操作。从事常规分析工作的地质学家可快速访问所需的专有软件，进行特定分析，而无须购买许可。

区块链技术也可推动数据交易（像数字图像一样，地震数据也是一种数字资产）。地下数据价格较高，这既反映了收集数据的成本，也反映了在原始范围之外使用数据面临的风险。未来，油气公司可利用区块链技术保护其地下数据，并将其货币化。

2.9.2 案例研究 5：贸易结算

区块链技术将彻底变革欧洲的石油交易方式。目前，世界各地的交易者通过电话协商交易情况，并将详细信息记录在各自的系统（或分类账）中。大多数情况下，他们会编制纸质合同，通过邮寄或传真的形式寄送给各方，或者将合同转换为 PDF 格式并通过电子邮件发送。如果租用驳船进行运输的话，交易者会再次通过电话协调，并再次签订纸质合同。同时，还会聘请检查员核实货物。交易的第三方可能包括油库运营商、港务局和运河运营商，各方都保留着自己单独的记录和分类账，所有这些记录和分类账都需要对上才能完成最终的交易结算。由于人工输入系统和交易方数目众多，因此极易产生错误和争议。

区块链技术可以大大提高此过程的效率，并且已在最近的现场试验得到验证。当交易者同意交易条款时，会将关键数据写入区块链，并将其记录为一笔交易，供双方访问和共享，不允许再出现异议。买方或卖方系统与区块链之间存在的任何差异都归责于买方或卖方自身，因区块链上的数据即是唯一标准。所有其他特定事件（检查员、驳船租赁、运河通道合约）同样作为一条已商定事实记录写入区块链，并与先前和该货物有关的区块链条目相关联。与通过区块链写入数据的方式不同，在当今的交易系统中，任何一方都可以修改合约数据，因此增加了产生争议的可能性。

事实证明，如果利用已商定的区块链共享数据，则无须再将关键数据（如装货港、卸货港、日期、数量和价格）写入法律合同文书中。随着利用区块链记录下交易逐渐增多，智能合约会自动进行流程中的后续步骤，包括启动服务询价（如驳船和检查服务）、发布关键文件和释放资金等。

较早使用区块链技术的企业得出的结论是：低额发票等核心行业文件现在完全是多余的，不再具有任何意义。基于区块链的智能合约完全可以处理支付问题。

虽然该试验仅涉及一种商品和一个交易市场，但据参与试验的两家石油公司估计，区块链解决方案将使成品交易的后勤成本（包括管理所有文书工作、核对账目和处理纠纷）降低 50%。许多公司通常会为每名前台交易员配备两名辅助人员，再加上各方很多的管理人员（港口人员、检查员等），对于这些公司来说，这些人力成本是一笔不小的数目。

参与试验的公司认为：区块链解决方案可以消除合同相关争议；业务流程将变得更加灵活，可以更好地应对各种变化，并且还将在很大程度上实现自动化；由于智能合约会在关键事件发生时立即释放支付款项，而不需要花费数天或数周准备纸质材料，因此可以加快现金流动。

参与该现场试验的公司对于区块链的运作方式、适用领域，以及使用过程中可能遇到的棘手问题有了更深入的了解。该小型试验只涉及8家公司（买方、卖方、驳船公司、油库和检查机构），而完整的解决方案会涵盖数百个参与主体。届时，要以这种新方式开展工作，将投入大量的精力协调各参与方。阻碍区块链技术在油气行业应用的因素包括反垄断法以及区块链参与者之间在规模上的差距。许多合作都会失败，但没有商业合作伙伴的区块链就像拥有一个很棒的社交媒体页面，却没有好友。

组建联盟区块链的初步工作是要建立律师联盟。在真正的价值领域取得任何切实性结果之前，需要先在隐私和安全保障方面进行大量的协议准备工作。随着联盟的发展，技术性能将成为一个重要考虑因素，要选择适用于流程的、正确的底层技术。

与许多技术一样，区块链技术在使用过程中也会遇到抵制变革的情况。例如，在上面的案例中，团队在短短几周内就完成的技术区块链解决方案，最终却因为后勤部门无法完全放弃发票流程（见发票付款）而无法实施。首席财务官和首席执行官需要大力支持此类举措，促使区块链技术在企业得到应用。

2.9.3 案例研究6：汽车消费

德国某汽车制造商已经完成了一些试验，成功地将区块链技术应用到其跑车系列中。这种数字化转型进展对油气行业至关重要，因为可通过这些进展了解汽车行业对车用燃油消费方面的影响，以及车辆对加油站等燃油基础设施的影响。此外，也可为其他工业应用提供一些启发。

保时捷是德国大众旗下的标志性汽车制造商，稳居德国汽车工程设计和制造的前沿，敢于尝试前卫技术。保时捷的客户追求极致，要求苛刻。该公司每年仅出售几十万辆车，在全球范围来看，这一销量并不算多。作为赛车制造商，保时捷一直不断创新汽车开发和改装技术，其创新设计最终会在大众旗下的其他品牌中推广，包括奥迪、宾利、布加迪、兰博基尼、西亚特、斯柯达，当然还有大众汽车。

保时捷一直在帕拉梅拉车型（四门轿车）上进行区块链技术的应用试验，也是首个将汽车变成运营区块链节点的汽车公司。应用区块链技术的汽车，可实现一些新功能：

（1）访问。在无须用钥匙启动车辆的情况下，驾驶员可使用应用程序打开汽车或通过应用程序授权其他人打开汽车（比如从后备箱或手套箱中取出某些物品）。当给车辆加油或将行李放到后备箱时，这一功能非常有用。

（2）充电。对于新一代混合动力汽车和插电式混动汽车，区块链可跟踪充电站点和电力供应商的充电情况。

（3）维护服务。可利用区块链技术跟踪车辆维护情况，如机油更换、里程校准和保险情况。如果将这些服务项目加入智能合约中，则可实现服务完成后自动付费。

（4）所有权转让。将车辆登记信息记录在区块链上，车辆相关资料可以更快、更准确地变更到下一个所有者名下。

（5）数据共享和学习。可利用区块链技术保存有关驾驶路线和行为偏好的数据。将这些数据汇总并进行分析，将有助于了解客户的行为习惯。

（6）支付费用。区块链应用程序可以通过智能合约支付停车费。类似的应用还包括支付加油费、汽车贷款或租金、保险费，乃至罚款。

（7）租赁和共享。通过区块链上的智能合约可实现车辆共享，既可以单独使用车辆，也可以和他人共乘一辆车。公司或团队可以一起租赁一个车队，使用区块链技术记录使用情况并完成结算。

（8）保障。鼓励驾驶员的良好驾驶行为（无怠速、急刹车或快速启动等情况），通过区块链向其发放代币或忠诚积分，可实现游戏化。

丰田也在尝试采用区块链技术，着眼于未来的自动驾驶领域。我们可以很容易地想象出自动驾驶汽车，但是若要智能化地操控以人为中心的汽车世界，仍然需要类似区块链这样的技术来实现上述交互行为。

2.9.4 区块链在油气行业的应用前景

区块链上有关汽车应用这一实例，生动展示了如何将工业资产转变为互联网的参与者，以及赋予其社会交互代理权的过程。油气行业中许多其他类型的资产，也可以作为区块链的节点并从中受益，成为能源经济的参与者，获得与社会交互的权限。虽然这些资产不会像汽车那样进行大量的交互，但这种交互仍然具有一定意义，并且对这些资产的高度信任也有助于获得代理权。

下一步，可将泵和发电机作为区块链的节点。这些设备的总体状态数据可能不如客户出行数据那样有价值，但对于某些泵和发电机而言，更重要的是选择合适的时间运行。例如，我居住的公寓大楼装有一个大型风扇，当中庭的温度达到一定水平时就会启动。如果发电机根据电力的来源和价格来运行，那么当电价飙升时，发电机启动延迟会发生什么情况呢？利用区块链上的智能合约系统，可以降低发电机的运行成本。

在油气行业中，井口、管道和储罐设备装有很多测量仪。每当油气产品通过这些设备时，都会自动进行测量，测量结果被用于所有权转让、保险、合同履行、质量控制、定价等。由于测量数据非常重要，因此，测量设备受到严格管控，仪表也需定期校准。这些仪表可成为区块链上的节点，将测量数据记录到区块链中并在智能合约中使用这些数据。

油气行业已在使用机器人进行海底检查、打桩监测、空中监视、清管作业、储罐检查等。这些机器人与自动驾驶汽车没有什么区别，大多数都将成为由现场服务公司运营的共享资产，并有可能通过智能合约加以使用。例如，在施工场地监控进度的空中无人机，可根据获得的视觉数据跟踪进度，按智能合约向承包商付款。这架无人机就成为一种新型的现场服务设施。

油气行业为项目建设购置了大量新设备，其中一些从未使用过。因此，导致资产库存过剩。就像汽车行业使用区块链进行所有权转让一样，油气行业也可以将多余的资产放在区块链上进行出售。

2.10 数字技术组合

虽然每一种数字技术都有其自身的影响力，但是当将这些技术相互结合使用时，会产生一些意想不到的效果。例如，民宿短租平台 Airbnb 利用智能手机用户和云计算的力量创建了一种新的"住宿即服务"解决方案，利用人工智能在后台处理历史访问数据，帮助客户找到最适合的出租屋、设定价格，并根据客户历史记录和可用方案推荐其他服务。流媒体播放平台 Netflix 使用云计算将内容流传输到客户的设备中，同步客户档案，使其在全球范围内均可获取，同时，还利用人工智能技术，根据先前的观看数据组织个性化的内容菜单。

油气行业中的应用实例已证明，数字技术组合会对业务产生难以置信的影响。

2.10.1 案例研究 7：采矿权使用费的处理

卡尔加里某油气公司与其他油气运营商、一家银行以及一家持有使用特许权的专业机构合作，创建了一个基于区块链技术的油气采矿权使用费智能合约，并使用该智能合约完成了付款。有些人认为这种创新无足轻重。因为智能合约确实比较新颖，但并不是真正的新鲜事物，好像并没有真正地改善收入。而且油气行业后勤部门的创新似乎也没有引起工程界的关注，但是，我们仍需把目光放远一些。

2.10.1.1 面临的挑战

油气行业的运营方式通常是分摊油气矿区的使用费并将收益分成。矿区使用费是指油气勘探和开采方需支付的租金。以农田区的一口油井为例，由于油气公司需要不断进出农村土地所有者的土地，给后者造成了不便，因此土地所有者期望得到补偿。卡车借道需要通行权，井场区域以及钻机的堆放区域不能再用于放牧或耕作。因此，农民也将从油气井的产出中获得一部分利润。在澳大利亚昆士兰州，从单位平方千米的现金收益来看，这些井场是农田区最值钱的区域。

油井可能有多个所有者，如由两家或多家油气公司组成的合资企业，并且在其生命周期内，油井可能会整体或部分出售给其他公司。在更复杂的情况下，油井运行的数十年中，会不断地变更管理团队。油井所占用的土地可以作为继承财产进行转让，有时会在家庭成员之间进行分割，也可以出售。因此，新加入的土地所有者也可能引起矿区使用费的纷争。

政府会深度介入矿区使用费的计算规则。在加拿大和澳大利亚等英联邦国家，油气资源实际归政府所有，因此地方政府负责确定矿区使用费的计算规则。

在美国，土地所有者拥有地下开采产品的所有权，因此就由土地所有者与油气公司进行谈判来确定矿区使用费。按照国际规定，各国政府为在其领土开采的资源制定矿区使用费。

计算各方矿区使用费的算法较为复杂。有时政府希望在特定时间段内加大某些地区指定资源的开发力度，就可能降低矿区使用费。某些时期，政府需要加速刺激经济活动，则会在计算矿区使用费时扣除某些成本。政府更迭时，往往会修改矿区使用费率，以便从资源中获取更多的收入。最重要的是，由于每口油井的情况不同，分摊成本的规则也不同，因此要想预测各项成本是非常困难的。

无论如何，与油井相关的各方都会聚集在一起，共同商定收入和成本的分配问题，并把协议内容写入合同。于是，合同便成为确定收入和成本分配的依据。油气行业通常称此类合同为产量分成协议。为了执行协议，油气公司必须雇佣一大批后勤人员（包括负责生产和矿区使用费的会计师、律师和系统专业人员）来对各个矿区的使用费进行核算。

可以想象到，确定矿区使用费的流程和系统很容易出现错误。通常，数十万口油气井的纸质合同和相应的 Excel 电子表格都需要维护。电子表格中的公式经常出现错误，与合同不符或者不再适用现行费率和规则。而且各方都需要维护各自的记录，且主要通过手动完成，每月都要进行核算，计算公式也经常变化。大型企业可能拥有自己的专用系统，但许多小型公司难以负担此项成本，对于个人土地所有者来说更是如此。

由于矿区使用费的计算公式很容易被人修改，因此，矿区使用费的获得者经常会怀疑油井作业者夸大成本并极力缩减效益，进而减少应支付的矿区使用费。运营商出于对现金流管理的考虑，可能会延迟支付矿区使用费。因此，油气行业充斥的争端不仅引发了不必要的法律费用、法庭诉讼和延迟付款等行为，而且还使协议变得更加复杂。

遗憾的是，油气行业非常抵触变革。2017 年初，我拜访了某油气领军企业的高级副总裁，与其探讨了经济低迷对大宗商品定价机制的影响（当时经济已经连续三年陷入衰退）。他非常自豪地谈到，虽然整个公司已经进行过三次重组，但对公司的财务和会计团队没有任何影响。也就是说，这些手动操作流程仍然未发生任何变化。

2.10.1.2 解决方案

归根结底，油气业务存在的问题是有大量的法律合同需要专家解读，以及交易各方之间的信任度较低。

油气行业面临的首个挑战是如何取代那些负责阅读和解读合同的生产核算、矿区使用费以及合同的专家。当前，自然语言处理这种专业人工智能技术的发展水平已经足以解决这一问题。只需将各种纸质或 PDF 版合同文本文件输入人工智能引擎，便可利用自然语言处理技术解读合同条款，同时提取出作为矿区使用费计算依据的那些条款。

首先，我们必须先"教会"人工智能引擎如何阅读和解释合同，这一工作需要在矿区使用费专家的协助下完成。前期工作的量会很大，但随着时间的推移，人工智能引擎的性能会不断提高。事实上，在测试过程中，与合同律师相比，IBM 的人工智能引擎 Watson 可以更快、更准确地阅读合同，并识别出现错误和问题的合同条款。

其次，一旦人工智能从特许权使用费合同中提取出关键条款，下一步就是将这些条款转化为计算特许权使用权使用费的算法。从广义上讲，这是一种利用正确的行、列以及带有标签和公式的单元格来构建电子表格的机械性活动。这项任务可交给机器人流程自动化（RPA）数字工具集来处理，该软件是模仿人类打字的行为来执行重复性工作，可用于构建计算矿区使用费的规则。

第三项创新是将矿区使用费的运算转化为利用区块链技术的智能合约。获得所有数据后，下一步是计算矿区使用费，智能合约会自动向矿区使用费获得者付款。通过这种方式，涉及矿区使用费的各方都可以根据原始矿区使用费合同准确了解矿区使用费的计算方式，并且还无须重复进行矿区使用费的计算工作。

这项创新措施已经投入使用并且取得了不错的成效，因此，油气公司、土地所有者、政府和监管机构都希望对矿区使用费的处理方式进行现代化改造。

首先，这种数字创新有助于消除有关矿区使用费的许多争议。长期以来，油气企业一直将这些争议视为开展业务的成本，但在油气价格较低以及经济萎缩时期，相对而言这些成本影响会更大。

其次，该项创新有助于加快油气行业的现金流动。在争议未决期间付款可能会延迟，因此消除争议会加快矿区使用费获得者的现金流。智能合约在条件满足时会自动进行付款，基本上不会出现矿区使用费被"拖延"支付的情况。

再次，这种创新可以通过两种方式节省成本。出现的争议更少，就意味着油井作业者和矿区使用费获得者的管理成本更低，可以实现双赢。此外，由于自动计算矿区使用费，因此节省了每月的相关计算成本。这两项成本的降低也意味着矿区使用费价值的提升，从而更有利于政府和矿区使用费获得者。

最后，油气行业将变得更加灵活。当矿区使用费率频繁变化时，与生产会计师团队和大量电子表格相比，人工智能引擎、机器人电子表格和区块链上的智能合约适应得会更容易、更快。某公司称，矿区使用费计算规则更改后，通常连续数月都不能得到正确的计算结果，会造成大量工作积压。该数字解决方案可减少矿区使用费的不确定性和波动性，这是投资者喜闻乐见的结果。

油气行业其他几个类似领域也依赖较高的人力成本来阅读、解释和执行合同，上述示例将会引起他们的关注。在油气行业的人工智能、机器人和区块链浪潮中，计算矿区使用费是首个应用场景，其他适用领域还包括服务协议、土地和租赁协议、供应链合同、采购业务和采购合同等。

2.10.1.3 最终成效

如前所述，油气行业已经开始将 ERP 平台升级为新一代数字版本。尽管如此，该示例也表明，在数字创新程度更高的环境中，一些通常在 ERP 系统中实施的业务流程也会存在很大的不同。例如，区块链上的智能合约可能不需要发票、应收账款和应付账款流程，而这些却是每个油气公司的财务部门都必做的三大财务活动。数字增强技术将为 ERP 部署带来新价值，ERP 实施团队应该知晓，在不应用 ERP 的情况下，数字创新技术将会给业务流程带来怎样的转变。项目执行发起人应该就区块链技术与机器学习模式对财务、人力资源、供应链、基本建设项目和维护工作的影响，向 ERP 团队提出质疑。

此外，该矿区使用费示例还体现了数字技术对高端、优越和高薪工作方面的影响。在许多油气公司中，法律、财务、矿区使用费和土地管理工作都由女性完成，且这种劳动力已开始短缺。未来油气公司的工作将大不相同，油气行业的人力资源领导者需要赶在这些技术发展的前面，采取措施以缓解因劳动力不足而造成的不良后果。首席财务官尤其要确保团队乐于接受这些新技术。未来，油气行业的财务部门将配备大量更加智能化的机器。

2.10.2 案例研究 8：天然气厂

有关数字技术组合改变油气行业的第二个示例来自上游的钻井和资产交付活动。至少从 2006 年开始，从事非常规资源运营的上游油气公司一直在推测，与传统的油气勘探和生产企业相比，他们可能会变得更像制造商。制造商的结构成本较低，因为他们可以更好地利用采购效率、规模经济和整体优化的优势。澳大利亚昆士兰的煤层气公司就是一个鲜明的实例。为了满足该州新兴液化天然气出口的庞大需求，煤气公司已钻探 10000 口气井。从标准的行业实践来看，每口气井的设计、钻探、完井以及与集输管道的连通都应单独进行，这样一来，单井的钻探成本会很高。然而，其中一家煤层气公司的高管指出，他们公司将改变这种作业模式，不应是钻探 10000 口气井，应该先钻探一口井，然后像制造商一样重复 9999 次。他们公司以及其他企业也一直在探寻实现这一目标的方法和手段。

2.10.2.1 面临的挑战

尽管最初付出了巨大的努力来改变这种局面，但油井交付成本一直未出现大的改变，往往随着大宗商品价格同步上升，只有当最困难的情况出现时才会下降，如 2014 年油价暴跌等重大市场调整。

制造业的成本变化情况与此不同。制造商格外关注自己的成本，并且会不断对可以增加利润（其投入成本与产品价格之间的差值）的技术进行投资。如果可控成本发生大幅变动，则说明生产管理不善。如果油气公司希望自己的成本管理达到制造商的水平，除了督促供应商降低成本之外，需要做的还有很多。他们需要采用另一种关键技术，即装配线——自亨利·福特时代以来这一直是制造业的标志。

在汽车工业初期，汽车是由工匠制造的，就类似于今天油气井的建造方式。汽车就和油气井一样，不会移动位置。工匠带着工具和零部件来到制造汽车的场所，需要花费很长的一段时间才能将汽车组装完成。

工匠们的人力成本很难削减，他们最大的价值就在于经验丰富。而且，零部件也是手工制作的。此外，生产规模也很难得到扩大，因为经验的积累需要花费很长的时间，而且经验丰富的劳动力也严重稀缺。当需求增长时，劳动力的价格会急剧上升。由于工匠们使用的工具必须是便携式和人性化的，因此通常体积较小且难以得到资金的支持。便携式资产往往会被顺手带走，难以像银行证券那样进行抵押。况且，当时也不可能用单个机器来代替人力。

汽车的生产量很小，组装效率提高的进程相当缓慢，并且还取决于工匠的技术水平。即使是在今天，限量版高端跑车也大多由工匠在装配车间打造而成。其他产品（如定制的衬衫、建筑和艺术品）的制作仍在沿用这种工匠模式。

现在的油气井建设也是如此。一旦确定好位置，井场实际上就变成了一个"装配车间"。井场内可能包括水处理设施、堆放区、停车区和生产用储罐。服务公司就好比是汽车工匠，带着他们的团队和设备（钻机、泵和压裂装置）前往井场提供服务，要么钻井，要么维修或维护。一口简单的气井可能需要数十家不同的公司提供服务，并且涉及数十个不同的工作步骤才能最终上线。

与所有工匠一样，服务公司也在努力降低成本，但劳动力价格变化不大，在市场紧缩时也不会轻易回落。当市场扩大时，供应商不得不支付更多的劳动力成本，因此总体成本也会上升。当市场出现供不应求的状况以及油气公司不那么关注成本时，劳动力价格还会迅速上升。服务商的资产大部分来自银行贷款，需要定期还款；在需求不确定的情况下，他们会在市场景气时尽可能地收取费用，以弥补市场不景气时的损失。他们会对自有的钻机和配套工具进行一些创新，但这种效率的提升至多只能加快某些特定任务的完成速度，无法提升资产的整个生命周期。

随着装配线的发明，亨利·福特彻底改变了制造业。通过简化作业任务，然后用技能较低的劳动力取代工匠，装配线大幅降低了生产成本。福特投入巨额资金用于创建机械输送系统，利用该系统将车辆运送到在各个工作站中按序等待装配的工人。装配工人的前向工作队列由传送系统向其交付的工作内容来确定，不会出现因零件缺失和工人缺勤而造成的延误。生产线可以加速或减速，也可以昼夜运转，以满足生产需求。

当前的汽车厂可以实现较大规模的产量（每个装配厂每年可生产50万辆汽车），这在基于工匠装配的时代是不可能实现的。

遗憾的是，对于油气行业而言，油井、出油管线和罐组是无法移动的，也永远不会移动。它们只能局限在油气所在的位置。因此，油气行业不能简单地复制亨利·福特的创新措施，不能将服务公司固定在特定位置并通过传送带将油井运送过去。这种物理条件方面的限制条件意味着别无他选,只能借助公路运输将工匠们送到油气井边。

2.10.2.2 解决方案

煤层气运营商认识到,他们需要把在气井和设施上待完成的工作转变为虚拟的装配线,而不是实际的装配线。某公司从日本汽车行业聘请了几名流程设计工程师来帮助设计虚拟装配线,为天然气厂的开发提供支持,使其可以像汽车厂制造汽车一样制造气井。

通过三种数字工具协同作业,实现了虚拟装配线所需的可见性。

通过移动设备(智能手机和平板电脑)可以即时访问在气井和基础设施上待完成工作的相关信息。

云计算为数十家参与公司、土地所有者、监管机构、员工提供了一个可访问的协作系统,并且存储了待完成工作、气井和供应商的有关数据。

利用分析功能,算法会根据条件的变化调整服务公司的工作序列。

服务公司也不必再沿用以前那种一次完成一个服务订单的工作模式。现在,他们也可以看到在他们面前有序排开的工作队列,就像工厂装配线工人可以看到待装配的车辆一样。无须回到办公室,他们即可随时使用智能设备访问工作队列。油井所有者可以看到在其资产上待进行的服务顺序,可以根据真实数据更谨慎、更全面地决定哪些工序需要加快或者减慢。通过这种合作,服务公司和资产所有者还可以进一步优化虚拟装配线。

这种数字化变革产生了深远影响。油气井交付量从每周一口井提高到每周七口井。零部件供应商也提高了供货效率,将 32 个井口设备装在一个集装箱中,而不再是像最初设计的那样,将一个井口设备分装在两个集装箱中,效率提高了 64 倍。

2.10.2.3 最终成效

虽然新的数字化解决方案也有助于改善现场的工作管理情况,但大多数公司都没有全面采用虚拟装配线这种新型商业模式,运营模式还必须做出一些改变。

(1)油气公司与服务公司之间的关系需要转变,从对手关系转变为商业伙伴关系。丰田对待供应商的方式就与油气公司不同,汽车零部件公司常常共同参与开放式业务的规划过程。

（2）进一步的标准化工作可以大幅改进油气井基础设施的设计流程，相比于常规井，非常规页岩油气井和煤层气井的相关设计更容易得到改善。实现标准化有助于提高服务效率和降低成本。

（3）油气公司需要将其资产数据视为强大的促成因素。油气公司通常不会与供应商公开分享其制订的工作计划。

（4）油气公司和服务公司都需要引进不同的技能，包括来自丰田、波音和宜家家居等公司制造业方面的知识。

（5）油气行业需要不断调整绩效指标以适应新的制造理念。油气行业会更加注重任务时长、运输时间、准时性和任务的质量表现。

（6）选择技术方案时应更加注重其适用范围，而不能只针对特定现场、特定资产，或仅限于业务单元的狭窄范围。制造商可能会鼓励喷漆车间尝试新的喷嘴，但喷嘴仍然是构成装配线的组成部分。

（7）油气公司需要调整其虚拟装配线，创建更多的控制规则，根据服务需求、交付制约条件（如恶劣天气和运输距离）等探寻优化装配活动的方法。

油气公司很难进行这些改变，因为这些领域正是长期以来油气行业组织结构的基础。油气行业采用数字工具，可以创造大规模交付油井的新方式。随着油气行业逐渐转向日益增多的非常规资源，这一点将变得愈发重要。

2.10.3 关键信息

基于新型商业模式的数字技术组合将会产生巨大价值，这一趋势逐渐明朗。油气公司的高管、供应商和监管机构需要提早做好心理准备，数字化解决方案迟早会成为一股颠覆性力量。然而，数字化转型的推进并不会一帆风顺，由于其他行业的数字化创新方式存在很多问题，油气行业理所当然地将会拒绝。

▶ 2.11 要点梳理

利用云计算存储海量数据，将带来新的颠覆性商业模式，并为其他大多数数字创新奠定基础。

ERP系统将继续为油气行业提供商业基础，同时在设计和运营方面也会变得更加数字化。

人工智能将读取和解释所有数据，为重要的人类决策活动提供支撑。

传感器和物联网技术将实现资产远程监控和维护，提高流程效率，同时生成大量高价值数据，通过云计算进行存储，利用人工智能进行分析。

自主技术利用海量数据和分析能力来开展工作，可取代办公室和供应链中的部分职员以及从事高成本、危险性和重复性工作的人员。在取代的过程中，也将创造全新的就业机会。

3D打印将使其他大多数行业及其供应链发生改变，进而会减少油气需求。

数字现实将帮助人类以一种全新的、丰富的方式，与物质世界进行互动。

游戏化可以帮助工作人员更深刻地了解、试验和操控他们的实际业务和行业活动。

区块链将改变与资产、信任、所有权、资金、身份和合同相关的整个业务流程。

参 考 文 献

Digital McKinsey. "Reborn in the Cloud," McKinsey.com（July 2015）：https：//www.mckinsey.com/business-functions/digital-mckinsey/our- insights/reborn-in-the-cloud.

SAP S/4HANA. "System Requirements"：https：//www.sap.com/canada/products/s4hana-erp/technical- information.html.

Google. "Quick, Draw！"：https：//quickdraw.withgoogle.com.

Deloitte Nederland. "Product Demo：Artificial Intelligence in the Tax Function," YouTube.com（August 17，2017）：https：//youtu.be/e7Dl7AMyEoA.

IBM. "70 Miles from Shore with Watson：Woodside Energy and IBM," YouTube.com（August 22，2016）：https：//youtu.be/GFZ2IaTVkY8.

Bloomberg News. "The Great Crew Change：Lost Generation of Oil Workers Leaves Few Options for Next Boom," Business. FinancialPost.com（July 7，2016）：https：//financialpost.com/commodities/energy/the-great-crew- change-lost-generation-of-oil-workers-leaves-few-options-for-next- boom.

IOR. "Hydip Fuel Monitoring System"：http：//ior.com.au/fuel/fuel- management-solutions/hydip-fuel-monitoring-system.

International Energy Agency. "Digitalization and Energy 2017," IEA.org（November 5，2017）：http：//www.iea.org/digital.

National Institute for Aviation Research（NAIR），Wichita State University. "Robotics and Automation"：https：//www.niar.wichita.edu/researchlabs/robotics_overview.asp.

Rio Tinto. "Mine of the FutureTM": https://www.riotinto.com/australia/pilbara/mine-of-the-future-9603.aspx.

Business of Apps. "Pokémon GO Revenue and Usage Statistics (2017)": http://www.businessofapps.com/data/pokemon-go-statistics.

Shell Global. "A Bionic Inspector Rolls In": https://www.shell.com/inside-energy/a-bionic-inspector-rolls-in.html.

FieldBit. "Enterprise Solution": https://www.fieldbit.net.

The Linde Group. "Smart Glasses: Linde Looks to the Future": http://www.linde-gas.com/en/whats-happening/smart-glasses-linde-looks-to-the-future.

Gravity Jack. "Augmented Reality in the Oil and Gas Industry": https://gravityjack.com/news/augmented-reality-oil-gas-industry.

James Pozzi. "The Impact—and Importance—of Virtual and Augmented Reality in Aviation," MRO-Network.com (June 14, 2016): https://www.mro-network.com/emerging-technology/impact-and-importance-virtual-and-augmented-reality-aviation.

Norma Kamali: http://normakamali3d.com.

Yu-Kai Chou. "The 10 best eCommerce and Shopping Examples That Use Gamifi-cation": https://yukaichou.com/gamification-examples/top-10-ecommerce-gamification-examples-revolutionize-shopping.

Satoshi Nakamoto. "Bitcoin: A Peer-to-Peer Electronic Cash System," Nakamoto Institute.com (October 31, 2008): https://nakamotoinstitute.org/bitcoin.

William Mougayar. The Business Blockchain: Promise, Practice, and Application of the Next Internet Technology. New York: John Wiley & Sons, 2016.

Sean Szymkowski. "Porsche First to Bring Blockchain to Auto Industry," motorauthority.com (March 12, 2018): https://www.motorauthority.com/news/1115654_porsche-first-to-bring-blockchain-to-auto-industry.

Globe Newswire. "GuildOne's Royalty Ledger settles first royalty contract on R3's Corda blockchain platform," globenewswirecom (February 14, 2018): https://globenewswire.com/news-release/2018/02/14/1348236/0/en/GuildOne-s-Royalty-Ledger-settles-first-royalty-contract-on-R3-s-Corda-blockchain-platform.html.

3　数字化转型对油气行业价值链的影响

成长过程中，我学会了欣赏兔八哥、爱发先生和燥山姆的滑稽动作。经常看到的一个滑稽场景是爱发先生或燥山姆抱着一条引线长得离谱的火药桶（通常引信已经点燃），倒霉的爱发先生或燥山姆试图逃跑。遗憾的是他俩都没想到，只要扔掉火药桶就可以逃过一劫。最后的结果就是，他俩还没跑到头，火药桶就爆炸了。

数字化转型的影响就相当于爆炸的火药桶，而转型的过渡期就类似于引信的长度。火药桶越大，爆炸威力越大；引信越短，爆炸速度就越快。

那些自认为最早采用数字技术的人，一提到数字化转型的速度就会夸夸其谈大肆宣传。他们称数字时代已经到来，智能手机、无人机、视频流等就是具体实证。零售业明显可以感受到亚马逊在线购物模式的影响。银行业，尤其是面向普通用户的银行，一直在快速开发智能手机应用程序，以打造全新的银行体验。零售业和银行业正在以这种方式接受数字化转型的影响，数字化转型的巨大影响也带来了新的、极具颠覆性的商业模式。

但事实上，在数字技术受到关注之前，全球目前油气生产和储运产业链（生产井、原油管道、工厂和炼厂）的绝大多数资产（80%~90%）已经建成。这些资产如果不进行改造，将难以参与到数字世界中。而且就算愿意对这些资产进行改造，也不太容易实现。因为这些资产全天候运行，受到严格监管，一旦运行异常，就可能对人和环境直接构成危害。对现有的长周期运营的资产进行数字化改造，无异于在马拉松比赛中为运动员安装起搏器。因此，与其他行业相比，油气行业采用数字技术的速度要慢得多。

对于油气行业，各价值链受到数字化转型影响的范围不同、时机也不同，即数字化转型对各领域造成的影响程度有大有小，"爆炸"的威力会有所不同。

但总体而言，"爆炸"将是巨大的。现在只是流入交通运输行业的资金比较多，还算不上大爆炸。目前看来，虽然零售业已被线上模式颠覆，但油气行业似乎不太可能通过数字化创新形成全新的商业模式。但已有迹象表明，燃料零售业出现的新商业模式，将对现有模式产生颠覆性影响。共享经济，特别是对于油气田服务，也许是可行的。除液化天然气工厂之外，油气设施的数字化收费模式也将迅速推广开来。制药行业采用将化学配方知识产权的所有权与加工厂的所有权分离的商业模式，也可以引入油气行业。或许几年后，回过头来看，分析师可以指出数字化转型的关键转折点。

投资数字化解决方案受到的审查与投资其他计划相同。董事会或管理团队准备向某一行动方案投入资源之前，通常希望了解一些问题的答案。以下是董事会会议上经常听到的各种问题：

何时会感受到数字化转型带来的影响？
数字化转型会带来好的影响，还是坏的影响，亦或是二者兼而有之？
数字化转型的影响有多大？
如果不进行数字化转型会有什么后果？
我们的同行在做什么？
哪些数字技术正在产生影响？
谁是数字化创新的引领者，他们在做什么？

这些问题不仅限于油气上游公司或服务公司，整个油气行业价值链上的所有环节都会遇到这些问题。表 3.1 所示的是数字化转型对油气行业的影响，以及带来影响的时机预测。

表 3.1　油气行业各领域数字化转型过渡期与影响

领域	过渡期 / 年	影响 1—低，5—高
资源勘查	1～5	5/5
油气田开发	5～10	2/5
工程技术	1～3	4/5

续表

领域	过渡期/年	影响 1—低，5—高
炼油化工	5~10	1/5
油气销售	10~20	3/5
工程建设	10~20	4/5
工程建设	5~10	2/5
职能部门	5~10	4/5

第 2 章深入探讨了几项具体的数字技术，本章研究的问题涉及数字化转型会如何影响油气价值链的未来。

3.1 资源勘查

- 过渡期：1~5 年
- 影响：5/5
- 关键技术：人工智能、机器学习、云计算

迄今，油气价值链中数据最密集的部门就是勘探部门。勘探作业一直能够吸引采集和解释海量数据所需的资金和技术。对数据进行采集和解释有助于描述地层特征和确定可能存在的油气资源，毕竟，一旦勘探取得成功，利润非常可观。大多数油气公司的上游部门都会保存大量丰富的数据集，但大多数公司都坦言其数字化水平并不高。

3.1.1 勘探的数字化悖论

尽管掌握着大量的数据，计算量巨大，但勘探团队却认为，他们的数字化创新水平并不高。数字化就是海量数据、分析能力和互联能力的组合。按照这一定义，很难理解他们为什么称自己在数字化方面落后。

从数据的角度来看，油气行业的数据（如地震数据）是海量的，但数据传输一直很慢，无法通过通信网络传输分析所用的数据。因此，时至今日，大多数勘探部门都还使用着自己的本地数据中心，以避免移动数据集。过去，这种操作方

式为地质学家和石油工程师节省了大量时间，使得能够运营本地大数据中心的大型企业占有优势。

油气公司将其所有地质数据视为高度机密信息，认为它们极具竞争力。当资源的价值取决于数据时，的确如此。实际上，地下数据交易市场非常活跃。然而，在公开层面上，这种数据通常被秘藏于公司的数据中心。透过一些勘探部门内部的数据孤岛，你可能会发现，与业内其他部门的竞争相比，公司内部的竞争实际上更加激烈。

勘探部门对分析能力要求极高，且计算量极大。云计算应该对勘探部门非常有吸引力，但到目前为止，也只是暂时被接受，并且还未被整个油气上游所接受。这反映了一种根深蒂固的偏见和传统思维定势，即第三方计算机设备不具备竞争力，即使其规模与油气公司专属计算设施的规模相当也是如此。

加拿大最大油气公司的首席信息官对云计算不屑一顾，称其是一种抽租式垄断，应当避免。长期以来，油气行业谨防其商业模式对垄断式服务产生依赖，倾向于任何一项服务都由多个供应商提供，喜欢采用多种进入市场的途径，以及在多个管辖区进行投资。将数据存储到第三方数据中心（通过外包）或云计算环境，云供应商将有机会提高现有油气公司客户的收费价格。此首席信息官确信，经营良好的油气公司可在存储以及运算能力和成本方面与云计算公司相匹敌。

人工智能等新兴数字技术的应用情况如何？大多数地质学家根本不相信地质数据解释可由机器完成，因为该工作要将地下影像与地质知识结合起来进行。仅仅是提出人工智能可以发挥数据解释功能的可能性，也会引起业界的嘲笑，指责数字技术人员不了解该行业。

2018年1月，我在加拿大艾伯塔省路易斯湖（Lake Louise）举行的一次会议上就数字化转型对油气行业的影响发表演讲。我断言人工智能将会释放更多储量，并解放更多的人力。我刚走下讲台，就碰到一位愤怒的地质学家，他想纠正我的观点。他以宗教式不可辩驳的口吻称，在数据解释方面，数字技术不能也永远不会达到地质学家的水平，还说我太愚蠢了，竟然持有这种观点。

这与其他领域的情况不同，那些增速更快、商业估值更高的公司都将数据视为开放、共享型资产，且按需利用。利用人工智能，我们可以实现汽车自动驾驶、能源优化和数据分析。人工智能被用于解释超声图像等医学图像（采用与地震数据采集相同的技术），其表现不仅达到甚至有时超过了人类专家的水平。

3.1.2 对现状的威胁

随着时间的推移，油气公司内部构建和运营本地数据中心的方式已经开始过时，甚至存在风险。我不确定大型油气公司的计算设施成本能否匹敌云计算公司的成本，但从大小、规模、电力需求和自动化水平来看，数字技术公司占上风。云服务供应商能更有效地保障网络安全，少数几家大型云计算公司中的攻击防护措施可以方便快捷地与同行共享，而要与数十万个独立的小型数据中心共享该措施则要慢得多。

最尖端的计算技术将在云计算公司产生。虽然油气行业一直能够吸引计算机科学专业的学生，但对于很多毕业生来说，新兴的数字经济看起来更具吸引力。

随着全球软件产品向云计算模式迁移，在内部专有软件上进行投资的传统公司将陆续发现自己拥有越来越多过时的、无法维护的软件。那些固守本地基础设施的公司因难以获得最具创造性的现代数字化解决方案和技术，其商业风险将逐渐上升。

3.1.3 替代方法

一些油气行业参与者已经开始怀疑，这种过度重视私密数据、本地数据库和自主维护计算机中心的模式是否仍是唯一出路。

2017年，我应邀参加了IEA主办的研讨会，探讨数字化转型对能源行业的影响。有多家大型国际油气公司的代表参会，其中一家公司代表介绍了他们在数字化转型方面尝试的经验，成效引人注目、令人震惊。

这家大型国际油气公司通过测试大数据、云计算和数据分析技术的现状，来确认当前市场上的数字技术能否满足其苛刻的绩效性能指标。该公司将大量地震资料等地下数据上传到商用云服务器（来自一家市场领军企业），并邀请了一批数据科学家和算法专家运用他们的数学方法和工具对数据进行分析。为保证数据竞争价值的中立，他们对数据进行了处理，使得数据的呈现方式能够让非油气专业人士可以解决公司想要研究的一些问题。

该公司得出结论是，商业云服务领域已足够强大，可以承担苛刻的数据量和运算能力的挑战。未来，油气公司将会开始质疑是否有必要维护其本地数据中心，这些设施通常位于全球消费成本最高的城市，被安置在最昂贵的商用地产中。如果将大量数据上传到储存、分析数据的云服务器，勘探部门还可以解决通信瓶颈。

在解释数据和确定最有潜力的资源位置方面，来自多个行业的数据科学家可达到各油气公司地质学家和石油工程师的平均水平。解释地震数据不再只是油气专业人员的核心竞争力。数据科学家们因其了解和使用这些数据的能力，而获得巨额报酬。这一尝试表明，可在勘探部门采用一种更具吸引力、可行性的替代技术方案。

3.1.4 增加储量

除了淘汰内部数据中心和创建新的众包数据解释模型外，数字化转型还将对勘探领域产生哪些影响？将对储量产生哪些影响？

迄今，数字化转型对勘探领域产生的最大影响是在储量及其增长率预测方面。据IEA估计，将数字技术应用于非常规油气资源（即页岩和其他低孔低渗透储层）可使全球油气储量提高5%。这一数值听起来不是很多，但折合成实际产量将达到700亿吨或5000亿桶油当量。如果每天的需求量为1亿桶油当量，那么则相当于则增加了13年的供应量。

虽然全球许多国家都拥有页岩资源（美国、加拿大、阿根廷、中国和英国），但迄今只有美国和加拿大掌握了大量开采页岩油气资源的方法，大部分储量增长都来自这两个国家。因此，IEA还预测美国很可能在未来几年成为全球最大的石油出口国。

除了低孔低渗透储层外，平均采收率为40%的常规储层也将受益于对储层分析结果和认识的提高。因此，率先采用数字技术的企业将获取丰厚的回报。

3.1.5 勘探的数字化未来

在数字化程度更高的未来，勘探业务可能与今天的勘探管理和实现方式大不相同。目前主要依赖企业内部能力的商业模式，可能会更多地让位于第三方的参与以及众包模式。资源所有者可获取资产服务，按照地表资产的构建方式将所有者与经营者和供应商的角色分开。数据可能存储在某家供应商，分析结果可能存储在另一家公司,而专业的人力技能则归属第三家公司。多个资源所有者将其数据存储在可访问的云端,而不是在本地的数据中心,可将其数据汇集成数据量更大、更全面的数据海洋。这些庞大的数据集可以更容易地开放给第三方分析,并使边缘参与者能够访问海量的解释资源。资源所有者最终更像是管弦乐队的指挥,而不再仅是单一的垂直整合操作。数据解释算法将充分挖掘数据财富并得到明显改进。

这样的生态系统将会产生全新的业务。数据科学家和算法专家弄清数据解释方法后,他们通常会试图将所掌握的知识编成软件。在云计算世界中,软件将被置于云端,任何对解释和分析感兴趣的人都可以访问。数据云解释业务将蓬勃发展,全球任何拥有资源的人都将受益于此业务。这种"重数据、重算法、轻资产"两重一轻的商业模式或将颠覆上游行业。

除地质解释外,数字工具还有其他重要用途。智能钻头的牙轮后面装有传感器,可捕获钻进地层的实时数据,并将这些数据发送到云端。将实时数据与庞大的地震数据集和所有的钻前工作进行比对分析,从而协助钻井作业。从经验学习到钻井实践之间的无障碍过渡,使得小公司也能够充分利用同行的先进做法。

3.2 油气田开发

- 过渡期:7~10 年
- 影响力:3/5
- 关键技术:物联网、数据分析、云计算

油气行业受数字化转型影响的众多领域中,油气田开发是最重要的领域之一。生产是业务的收入端,通常整个行业的利润会在生产过程中实现最大化,产量或可采储量的适度增长很快就可以得到回报。多年来,油气行业一直通过向油气田开发领域投入大量信息化工具来提高资产绩效。

尽管油气田开发领域数字化投资前景可观,但其数字化转型起步较晚,原因有很多,比如对经济性、油气田生命周期、能源转型进程、基础设施缺失、数字化转型速度和风险的考量等。

油气田开发类似一种自毁式的商业模式。油气井每生产一桶油气，就减少一桶存量，这给生产商内在的动力去不断寻找新的油气资源。每口井的产量都在不断减少，全球平均来看，每口井每年产量都会递减4%～6%。只有经济有效的产出油气，生产作业产生的现金流才可以支付勘探以及其他的费用，这也激励了管理人员进一步提高油气生产效率。油气田开发的诀窍是支出越少越好，刚好满足任务的需要即可。即使在油气需求不增长的情况下，每日仍需找到500万桶的接替产能，这需要投入大量资金。

油气田生命周期也是影响数字化投资决定的因素。投资在油气田的数字基础设施（传感器、可靠电源或通信服务等）将在一两年内见到经济效益，但产量递减率和平均生产寿命使得资产所有者迫切想要收回数字化投资。受油气田预期生产年限影响，工程师很难确定对这些老油气田进行数字化投资是否恰当。

油气井的类型不胜枚举，包括油井、气井、油气井、油砂矿、页岩井、稠油热采井……而且每口井的产量也不尽相同，有些井虽然产量稳定，但产量很低，因此也只能得到最基本的维护。有些井采出的油不但品质上乘（硫和其他污染物含量低），而且产量惊人，因此受到管理层的密切关注。

业内人士估计，数字技术可使油气井的生产效率提高10%以上。但问题是哪些井可以得到改善，以及如何得到改善。对于有着100多年历史的油气生产工业来说，能取得哪些收益？

3.2.1 油气田开发现状

油气田开发面临着彼此相关的四大难题，每个难题都有对应的数字化解决方案。

（1）跟踪油气井的状况，并进行生产管理。

现存油气井的数量已达数百万口，每年还要新钻数千口井，以接替补充那些产量逐年递减的井。对这些井进行跟踪管理本身就是一个挑战，特别是对于那些被再次交易的或土地所有权与矿权所有者分离的井来说，更是如此。

（2）管理并优化陆上数百万平方英里或海上数英里的复杂生产网络。

油气资源遍布全球，因此，很多国家都有油气井及其相关基础设施（工厂和管道），只是有些国家的经济不太景气。油气田涉及土地面积很广，如澳大利亚昆士兰州拥有世界上最大的气田之一，每天生产数十亿立方英尺的天然气，如果算上 Surat 和 Bowen 盆地，该气田面积与芬兰相当。这些气井的后勤服务成本很高，大多数井都可开采很多年，会生成大量的生产数据，包括气井动态、地质和服务方面的数据。

要使数字化创新真正具备价值，则必须将数字设施接入网络且拥有稳定的电源。偏远地区的电信基础设施通常很弱，单个油气井或小油气田的产量较低，无法负担安装高容量网络与后期运维的成本。除非预期产量很高，否则生产商很难通过数字化转型获得经济效益。

此外，各油气井本身条件及其设计方案，包括现场使用的设备方面，均存在很大的差异。迄今，在井的设计和设备配置方面并无严格标准，即使在某个公司或油气田内部也是如此。一方面，受油气行业传统实践影响，油气井一直是个性化设计（在利润率高或生产率很高时还可接受）；另一方面是由于最佳实践通常具有不确定性。工程师设计的方案以及各井的服务协议各不相同，备件多样化而不是最优化，维护工具以及维护服务也各不相同。针对此类多样化的管理是一个信息化的问题，井的信息质量越高，这种差异带来的挑战就越小。然而，生产企业通常对这些了解甚少，因此便会陷入困境。

（3）协调和管理该区块所需的油气田技术服务。

油气行业中，油气田服务通常由服务公司提供，这些服务公司从小型本地公司到大型国际公司都有。较小的服务公司通常专注于他们的专业领域，提供的服务范围有限（如电力测试），依靠源源不断的服务订单（从一口井到另一口井）维持收支平衡。

针对油气井、出油管线、电机、泵站和压缩机的服务各不相同，包括测试、阀门校准、调试、检查、清洁和润滑、植被清除、一般维修、修井、泵维护、水分离器维修，以及过滤器更换等服务。服务频次也各不相同，并且需要考虑服务顺序，其中一些服务可以预先做好计划，而其他服务则是按需提供。客户和服务公司都会单独保存服务记录，制造业中常见的各方之间相互融合的情况在油气行业非常罕见。

导致生产中断的"极端事件"时有发生，这些事件致使服务需求高于平均水平。可能导致整个油气田停产的事件包括大雨、洪水和火灾等。极端事件发生时，事件发生地区的各个公司需要比平时更好地相互统筹协调，以便更快应对响应。如墨西哥湾地区的那些油气生产企业，在飓风来临等需求迫切时期，都在设法获取资源有限的服务。如2016年麦克默里堡地区发生火灾期间，各生产企业争相调用应急服务。

（4）管理日益增长的海量复杂数据。

许多老井都接入了数据采集与监控系统（SCADA），生产商可利用该系统实时监控井的状况。每口井可能都安装了十几个传感器，这些传感器会不断输出数据点，记录温度、压力、液量以及电力使用情况。随着时间的推移，数据量会随着油井增加的数量倍增。想要实时了解所有数据已经非常困难，更不用说对其进行分析处理了。由于传感器成本不断下降，新井安装的传感器越来越多。只有利用云计算才能快速、经济地筛选处理这些海量数据。

油气生产业务非常复杂，在维持生产运行方面有数十个并行的系统，包括资源规划系统、地理信息系统、土地使用系统、健康与安全系统、许可与合规系统、数据采集与监控系统和工程系统等。油气公司更看重的是数据的多样性，而不是数据的标准性。这通常意味着需要品类繁多的系统，而各系统之间的兼容性较低，需要手动管理数据集成和数据映射工作。再加上基于资产的企业倾向于将商业IT系统团队（负责ERP）与操作技术（OT）团队（负责数据采集与监控系统）分开，不仅增加了手动集成的工作量，同时也提高了经济成本。

传统的生产管理方法不再适应当前日益数字化的世界。将不同区块、不同公司油气井信息孤立存储，在计算成本很高的时候有意义，但现在已不再适用。缺乏数据标准以及生产部门单独定制油气井配置的做法，阻碍了数据利用挖掘的潜力。

3.2.2 油气生产的未来

油气行业正处于变革的关键时期，数字化转型已成为投资重点。2014年油价暴跌，使人们的注意力前所未有地集中在成本和生产力上，加剧了投资者与生产者、资产组合甚至单个资产之间的紧张关系。2016年，某行业领先的天然气生产商的高级副总裁透露，考虑到行业正处于变革时期，为了降低成本，他们首次把资本回报率的最低门槛设为零。这意味着，任何降本增效的提案都会受到高度关注。这是前所未有的！前些年，数字创新的最低资本回报率必须超过新井的最低资本回报率（30%或更高），且必须具备相当规模（超过1000万美元），这些限制条件令数字化创新者望而却步。

预计现有生产相关资产不会很快实现数字化。毕竟很多生产资产的产量都在下降，且在化石能源未来不确定的情况下，需要数年才能弄清哪些油气井值得投资，以及需要投资多少才会产生赢利。一口井的最佳生产周期可能只有几年，考虑到其生产力、所在位置、升级成本和现有基础设施（特别是电信基础设施）等方面因素，许多公司难以建立数字化转型的商业案例。在7~10年内，许多老井的产量将严重下降，关闭它们是唯一可行的选择。

然而，真正的突破必定来自将数字化创新应用于与油气生产相关的现有数据集。通过机器学习改进现有数据分析方法，可增进对现有油气田储层孔隙度、渗透率、增产措施以及流体物性的理解，从而可以提高生产决策水平。对于许多老油田的低产井，生产企业不愿意在改造老旧资产上投入大量时间或计算资源。这可以理解，但还是有公司愿意投入。据估计，常规油田的采收率只有40%，而常规气田的采收率则为95%。将多个油田的数据传到云端以进行综合分析，可能是提高原油采收率的关键，或许可达到天然气采收率相同水平。

预计随着时间的推移，所有新井都会逐渐变得更加数字化。特别是受北美页岩革命成功的影响，数字化投资的决策环境已被改变。这些页岩油气井与常规油气井的区别主要在数字化转型方面：

首先，页岩油气井所需的硬资本（水泥、钢铁和设备等）金额远低于海上大型油气井。大多数非常规井的规模和生产能力都小得多，因此非常规井的钻探速度比常规井更快，可重复操作性也更强。这些井的建井周期较快，更适合数字化创新的敏捷迭代特点。因此，工程师应该拥抱并实施数字化转型，吸取这些能够快速交付井的经验和教训，持续改进后续井的开发效果。

其次，数字化的成本已有所下降，并且在继续下降，需要收回的数字化投资成本已达到历史最低水平。因此，即使对一些利润率低的井（高成本低生产力）来说，数字化转型也很有意义。一些边际井仍会投产，因为数字化创新可提高这些井的产量。

最后，页岩区块通过拥有数百口几乎相同的井。对于工程师来说，页岩区块是引进新数字化解决方案的理想试验区。即生产企业可通过快速交付生产井，加速学习曲线的掌握过程，学到的知识还可用于其他类型油气资产。

未来，油气井将不再依赖数据采集与监控系统的监督和控制功能，向着自我监管和本地代理（利用区块链组织自身维护）的新方向发展。这些油气井更像是独立自主的机器人，而不是需要远程控制的笨拙机器。

油气井性能数据将被传入云端，可以与其他企业的生产数据汇集。利用云计算和云端的人工智能工具，最先进的数据分析可被共享给新加入的企业，并可通过人工智能与大数据加强他们对地质状况的理解。这种洞察有助于解开油气井递减曲线的谜团，帮助生产企业制订最优的生产计划，使油气井保持高产。云端的油气井性能数据还将解锁新的商业模式，将资产所有者的资产数据与所提供的服务分开。

云计算还有助于改善工程技术服务交付。未来，工程技术服务商、油气井和油气资产、生产运营商、土地所有者以及监管机构都将使用相同的数据，因此，服务流程和效果都将得到优化和改进。在下文的油气田服务章节，将继续深入探讨这一问题。

还有几个前文提到的例子可证明数字技术使油气田开发彻底发生改变：IBM Watson 变革西澳大利亚海上油田的工程服务作业；使用区块链改变特许使用费的计算方式；使用无人机从空中监控油气资产，以及用潜水器维护深水生产设施。

▷ 3.3 工程技术

- ◆ 过渡期：1~3 年
- ◆ 影响力：4/5
- ◆ 关键技术：协作、物联网、区块链、云计算

工程技术领域已迎来数字化转型浪潮。首先推动数字化转型的因素是工人口袋里的智能手机，这是下一代交通工具不可或缺的一部分；其次是快速兴起的智能设备。许多业内人士认为，工程技术领域进行数字化转型的时机已经成熟，可以效仿优步在交通领域的做法。

大多数情况下，工程技术服务公司交付服务的接口仍是由人工操作，这种操作方式起源于劳动力较为廉价的时期，那时服务费与生产井的收入关系不大，调遣费也相对较低。目前，世界已经发生变化，生产运营企业和工程技术服务公司之间的交付接口也需要适应变化。

3.3.1 传统服务领域

从历史上看，陆上油气资产的特点决定了以人工为主的工程技术服务模式。仅在北美，估计至少还有100万口油气井（没有人知道有多少口井废弃了），而且每年还会增加数千口新井。澳大利亚（虽然油气井数量较小）和全球许多其他盆地也存在类似情况。大多数情况下，油气井可生产很多年，直至最终停产。油气井设计、输油管线、压缩设备以及其他基础设施方面存在很大差异，因此需要专业工程师提供各种服务。

资产所有者通常围绕业务链组织相关工作，把主要精力放在尽快使资产投入使用方面。资产的复杂性、潜在服务的范围以及服务行业的局限性，使资产所有者不得不选用以人工为主的服务方式——寻找供应商、签订服务合同、交换有关资产的文件、安排许可和准入。从理论上讲，规模较小、更灵活的企业，比大型综合服务供应商的单位成本（或日费率）更低，但在面临价格压力时，经常难以创新。

与陆上油气田相比，海上油气田则有所不同，海上油气井数量较少，但单井产量较大。因此，海上油气资产也更加复杂。海上工程技术服务通常集中在少数大型服务公司手中，他们的资产规模更大（如服务船队和直升机），拥有大量的港口设施，更大的仓库，钻井船作业能力更深，不仅可满足更苛刻的地下需求，还可以提供更具挑战的海上平台服务。

服务公司已经发现传统工程技术服务管理方式的弊端。目前，相对于油气价格，劳动力成本非常高，调遣费超乎想象，服务也很昂贵。供应商与经营方之间，以及经营方与资产所有者之间几乎没有任何协调沟通，因此也无法优化整体服务。业务流程过度依赖低效工具（Excel、电话）来协调服务交付。随着需要大量重复性工作的陆上非常规油气田数量稳步增长，无法实现有效扩展的工程技术服务管理方式也是一个问题。

经营方难以及时地跟踪服务公司的表现，因此无法及时纠正不适措施。比如，经营方进入现场后，发现服务方尚未完成工作，因此不得不将工人遣散。采用人工交付的方法致使服务成本居高不下，并且很难使资产得到相匹配的服务。

与其他行业相比，油气行业的承包模式仍然比较传统，没有反向拍卖、互换和其他智能承包方式。甚至建立服务订单也通过人工实现，需要收集油气井信息、服务需求、土地所有者和相关许可证等方面的必要数据。

从本质上讲，这是一个协调问题。经营方侧重于保持资产按常规方式运行，而服务供应商也倾向于保持其服务工具和人员按传统方式提供服务。目前，大量服务公司云集，高产常规油气井和基础设施集中，要实现优化协调并非是难以解决的问题。如通过 ERP 或资产管理系统向一些服务商发出采购订单，工程师手动发送所有必要的图表和规格，操作人员使用 Excel 或 Primavera P6 协调所有参与者。

如果充分利用现有技术，常规油气业务所采用的服务协调方法是否仍然适用？运营资产的数量稳定增长，且种类繁多、运营周期长、定期需要维护保养，这些与减少劳工总量、商品市场的成本，以及持续的减排监管压力相冲突。如果丰田从事工程技术服务业务，他们会怎么做？

未来，随着数字化转型不断推进，服务公司将具有特殊优势。为了生存，服务公司必须进行创新，开发新服务、发明新工具，并且将这些新技术应用于其业务之中。服务公司的创新基因将充分发挥作用。精明的运营商将采用分布式计算，以提高整个供应链协调水平。

3.3.2 供应商协作系统

许多资产所有者已经与他们常用的服务供应商联合投资建设了协作系统，但这些系统也处于转型期。原有的协作系统已经成熟，且早于互联网时代。这些旧系统与 ERP 系统类似，未能预见到移动时代的到来，没有设想过可装入口袋中的智能手机、智能资产设备以及云计算的出现。随着时间的推移，资产所有者将会使用 ServiceNow、Salesforce、IronSight、Payload 等公司提供的产品更新这些系统。

协作系统有助于更好地了解各区块服务的交付情况，因为所有服务交付的关联过程都可采用 GPS 坐标进行标记。届时，行车路线将清晰可见，现场时间将极为精确，各服务公司之间的交接将更加高效，等待时间将缩短，服务公司的资产利用率可提高，资产所有者的事故也会减少，资产恢复运行将更快。

挑战在于，供应商将不可避免地发现自己需要处理多个系统，因为公司会给不同的客户提供服务，且与不同的客户建立了不同的协作系统，因此便不可避免地要从一个协作系统切换到另一个系统。未来，服务公司需要一种可在多个客户系统之间转换的数字化解决方案，区块链技术或将解决这一问题。

3.3.3 数据可用性

服务公司将在设备上安装更多的传感器，以提高服务质量。这些传感器会收集正在交付的服务数据，以及被服务资产的数据。一些服务公司将能够并且愿意与资产所有者实时共享资产和服务数据。

很少有服务公司会真正使用客户的资产数据来分析如何通过数据创造价值。井下工具公司利用传感器收集了大量钻井活动数据。但谁拥有这些数据？大多数服务公司都认为数据属于资产所有者，很少有服务公司要求保留一份副本供自己使用。未来，随着服务公司认识到数据的价值，这一情况将发生变化。服务公司可向客户说明他们可以协助分析数据，分析方式包括调用比较多个服务项目中的数据。

通用电气公司的涡轮机业务就采用了这种模式。该公司将涡轮机数据提取到自身的云计算和分析环境中，对所有涡轮机（包括风力涡轮机和燃气涡轮机）进行实时监控。这是通用电气公司与客户服务协议中的一部分。通用电气公司通过这种模式可以更快地发现问题，对涡轮机进行预测性维护，快速修复整个车队的问题。当各种资产上安装的传感器普及率达到与涡轮机相同水平时，协助分析技术将非常有价值。也有一些服务公司为工厂的重要设备（如泵）提供类似的服务。现在，任何公司都可以复制这项服务，因为底层技术是数字化的、易获取的、低成本的。

面对日益增长的工程技术服务数据，服务公司需要提高其分析能力。目前，服务公司正在投资数据分析能力和人工智能工具，以加深对所有这些数据的理解。

3.3.4 自主技术

随着时间的推移，服务公司将更多地采用自主技术。由于行业内优秀人才供不应求，使得自主技术不仅令人向往，而且很有必要。自主技术在深水潜水器、大型油砂矿的无人机和遥控运输车辆上已得到应用，但公路卡车和货物运输、油砂处理、钻井设备、修井机和管道安装作业中也应采用自主技术。某大型海上平台服务公司已经在试验遥控钻机。

自主技术操作系统和服务市场将会出现。中国是全球最大的工业机器人买家，因操作机器人严重短缺，购买的工业机器人主要用于制造业。机器人可以全天候不间断地运行，因此每个机器人可能需要工人三班倒以监督其运行。随着越来越多的自主技术进入并取代油气行业的人工劳动力，未来将出现很多与操作机器人相关的高技能工作。

3.3.5 售后服务与关键零部件

一个令服务公司头疼的难题是对损坏的零件或磨损的设备进行修理。通常不会将钻机从油气田现场送到维修厂进行修理，因为成本非常高昂，只能把零部件运到油气田现场进行安装维护。一些公司开始尝试利用3D打印技术在现场生产替换配件，以节省物流时间。每个油气田都有销售安全装置、强力胶带、手套等耗材的本地零售商。未来，这些零售店或将成为3D打印商店。

2017年，我参加了一次研讨会。几家大型油气行业公司预测了数字化对其业务部门的影响。

某全球设备公司（主营泵、控制器和数据采集与监控系统等）预测，在已安装的齿轮底座上采用数字技术，可使资产利用率提高30%，这将大幅提升生产力。

另一家全球设备公司预测，利用数字技术可减少和避免计划外停机，几乎所有油气设备的可用率都能超过90%。对于规模足够大的企业，这无异于在一个工厂中找到另一个隐蔽工厂。

某全球电力公司预测，应用数字技术的工业设备（发电机组、泵、涡轮机等）可将能耗降低7%至15%。

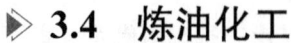比特、字节和桶

3.4 炼油化工

- ◆ 过渡期：5～10年（或更长）
- ◆ 影响力：1/5
- ◆ 关键技术：物联网、人工智能、机器学习

炼油化工领域在数字化转型方面落后于其他领域，因将数字化创新融入这个实体性非常强的领域需要更长的时间。相较于其他领域，数字化创新在炼油化工领域产生的影响要小很多。事实上，绝大多数炼油化工基础设施都是在数字时代之前建立的，因此要追赶上来，有大量工作要做。2012年全球炼油能力为9400万桶/日，2016年增长到9740万桶/日，5年仅增长3.4%。2018年全球前十大炼厂早在2012年之前就已投产，且设计时间更早。该领域的增长大部分来自现有炼厂升级或新增的加工能力，而不是源于新建的炼厂。

尽管如此，老炼厂也不容小觑！此类资产也具有相当大的价值，可通过提高决策水平提升利用率或加工量，以此将投资转换为收益。2012年，全球炼厂的加工量为7660万桶/日，占可用产能的81.3%。2016年，加工量已增长到8050万桶/日，占可用产能的82.6%。加工量每提高一个百分点，就如同建造了一个产能为80万桶/日的新炼厂。以平均炼油利润5美元/桶计算，这些产能可为炼油领域增加14.6亿美元的利润。

避免资本支出是促使老炼厂升级的另一个因素。加拿大最新建成的一家炼厂建造成本约为8万美元/桶原油加工能力。最近建成的其他炼厂成本都在6万美元/桶原油加工能力左右。建造一座产能80万桶/日的炼厂将耗资480亿～640亿美元，工厂的寿命约为30年以上。由于化石能源未来的不确定性，董事会很难有魄力批准新建大型炼厂。显然，提高现有资产的加工能力是一个可靠的发展方案。

炼油和化工领域可利用数字技术升级老炼厂。作为资产密集型行业，油气行业通过寻找最优方案来炼油、尽可能高效地运行和维护资产（如涡轮机、泵和加工装置），以及降低成本来创造价值。资产寿命通常是30～50年，与新炼厂的数字化转型相比，老炼厂的数字化转型所面对的是一个完全不同的挑战。

3.4.1 老炼厂的数字化转型

遗憾的是，老炼厂很难抓住数字化转型带来的机遇，其现有的数据网络可能存在设计错误、缺乏可用的电线管道，或者受到太多的电磁干扰。同时，这些设施可能限制使用会产生火花的硬件设备。这些工厂全天候运行，很少有足够长的停机窗口期来进行数字化改造，在泵上钻孔加装传感器不能仓促进行。甚至连在老炼厂工作的人们也已经"模式化"，他们年复一年地使用相同的工具以相同的方式开展工作。

老炼厂的数字化转型之旅应该始于了解相关资产的经营绩效，将缩小竞争性绩效差距作为数字化投资的目标。迄今，所罗门评价仍是了解炼厂绩效的最佳方式。所罗门评价是最受推崇、最完备以及最全面的工厂绩效衡量标准，但这个标准的适用范围仅限于炼化领域。如果管理层实际上没有严格按照其监管资产的经济绩效进行衡量，标准则难以发挥它的作用。

> 天然气价格持续走低一年后，中东地区某国有天然气运营商希望进行裁员。虽然该公司一直在进行所罗门评价，但实际上，为了更符合国家利益，该公司向该国国民提供了几乎是行业平均水平3倍的就业机会。因此，该评价在人员配备方面几乎没有发挥任何指导作用。

加工领域的评价通常针对三个需要改进的重点领域：

首先是管理整体资产的潜在收益，包括购买与工厂配置最匹配的原料，调整装置生产出最符合需求的产品。对于炼化行业来说，大约有60%的理论价值和实际价值之间的差异，源于未能根据需求做出相适应的原料管理决策。

其次是工厂运营带来的收益，包括：优化能源利用；以最佳方案调和原料以获得最好的进料；控制产出，以最低的生产成本来满足供应需求；最大限度地利用昂贵的生产资产（如码头和储罐）使其减少闲置；提高经营资产的稳定性。约30%的炼厂理论经济价值都在这些运营设施中流失，而其中大部分可以通过提高数据质量和决策水平来避免。

最后是提升辅助决策带来的经济收益，包括关键备件库存水平、人员管理，以及维修和维护。在炼化过程中，约10%的理论价值因油气价值链之外的错误决策而丧失。

比特、字节和桶

位于休斯敦的 Texmark 化工厂开始了数字化之旅，并带领一些员工实地考察了惠普公司的数字化实验室。该化工厂的员工过去习惯使用手写板和纸质工作表跟踪关键资产性能与表现。惠普实验室向参观人员展示了 Texmark 如何在投资有限的情况下，为少数关键泵加装传感器，从而将实时性能数据发送到平板电脑上，以便于操作员及早了解泵的性能。通过预测哪些泵接近故障点，工人可以安排维护作业，进而提高工厂的稳定性。

通常由管理者来判断确定他们认为应该提高的方面。这种方法有一些弊端：一是管理者可能不太了解当前的绩效情况或与同行之间的差距；二是他们提出的目标可能不是太激进，就是不够激进；三是他们可能不会选择最大的改善方案，而是选择容易实现的转型项目，以确保年终审查可以有不错的业绩；四是这样的行为方式不大可能引领创新。

在缺乏优质基准数据的情况下，可使用价值损失模型替代管理层的判断。通过对油气资产进行建模，以揭示其理论或物理极限，然后用实际绩效与理论值进行比较。该模型可揭示价值损失或潜在价值，将避免损失作为业务改进计划的目标，其中一些计划可利用数字技术实现。利用价值损失模型，可以消除管理者在设定绩效目标时可能产生的偏见。

当然，领先炼厂与落后炼厂之间的绩效差距并不能仅用数字化水平来解释。毕竟，几乎所有炼厂建成的时间都早于过去 5 年的数字化创新浪潮，投资短缺可能限制了各地炼厂的数字化转型。简单地复制领先炼厂的最佳实践，就可以缩小绩效差距。不过，就像中国和非洲的电信系统从有线直接跨越到无线一样，数字技术不但可以帮助落后炼厂显著提高绩效，还可以帮助领先炼厂保持领先优势。

3.4.2 新炼厂的数字化转型

老炼厂数字化转型的挑战在于物理条件、数据、通信条件的限制。人们可能会认为新炼厂的数字化转型会相对简单一些。新炼厂的数字化转型确实比老炼厂简单，但仍需进行良好的设计才能成功。精明的资产拥有者会在设计之初就着手构建数字功能，而不是完成设计后再加装一层厚厚的传感器。从一开始就培育数字化思维，可以让所有者打破长期以来对业务的思维定势，重新构思流程、产品接收、库存、维护、工厂监控、人员配备水平以及监督过程。

新炼厂数字化转型的价值在于所有者可以采用新功能（数据、分析和互联互通），从根本上改变业务的开展方式。如果一家炼厂能够在加工过程中根据市场定价实时改变能源投入以保护利润，会如何？如果炼厂可以随时发送为高价值客户量身定制化学品的测试结果，会如何？如果客户可以直接监控炼化过程，以帮助验证产品组合的质量，会如何？通过数字化转型实现这些目标，公司需要转变思维方式，确定长期的发展方向，并制订实现突破性业绩的路线图。

构建数字化新炼厂也是部署"敏捷"团队的绝佳方式（将在第4章详细讨论相关内容）。利用"敏捷"思维可以创建出完全不同的炼厂，在进行详图设计之前，技术、经营、安全、合规以及业务团队，已经开始在概念层面进行合作。建设具有数字功能的下一代炼厂，需要跨职能团队在设计过程的早期参与。

3.4.3　炼化行业的未来

由于实现转型的过渡期很长，而技术进步日新月异，炼化行业的数字化转型之路更加艰难曲折。

除石油原料外，能源投入是炼厂的第二大成本。能源利用效率小幅提升，就可以节约大量支出，这也是数字技术可以发挥作用的一个领域。能耗控制是行业基准数据的关键组成部分，但与任何复杂系统一样，当前的能源消耗水平高低不均。这些差异在线性规划程序（LP）和工厂的其他模型中可能难以被察觉。可通过基于云端的人工智能工具快速处理大量能耗数据，提高决策分析水平以更加精细地控制能源输入，从而降低运行风险，提高输入的稳定性。

3.4.4　整体优化

炼厂积极采用建模解决方案。炼厂线性规划程序有助于配置操作参数，以匹配对精炼产品和可用原油的需求。HYSYS和相关技术构建了非常详细的炼厂运营模型。管理人员和员工在炼厂运行方面积累了大量经验，也有自己的经验法则。

此外，还存在着另一种炼厂数字化转型方式。工厂的数字孪生体可包含天气等线性程序不能处理的变量，找出那些可能未正确建模的资产（例如油库），并采用云计算提高计算能力，从而可以生成和分析更多的场景。云版本的炼厂可突破更多其他限制，例如工厂的不同区域采用不同的线性规划程序，或者对管理体系和数据仍然分离的合并炼厂采用不同的线性规划程序。

最新建造的液化天然气工厂已建立完整的、端到端的业务数字孪生。

3.4.5　物联网

大修和停机期是工厂布置数字传感器和设备的最佳时机。大型工厂的所有主要资产都会停机进行维护，维护周期并不是每年一次，而是每2～3年一次。通过一次大修完成对整个工厂的数字化改造是一项艰巨且昂贵的任务，但按照大修计划分步分阶段进行数字化改造，虽然进度会慢一些，但也会提高工厂的数字化水平。要完全实现泵的数字化功能可能需要几年时间，但现在只需将传感器安装在设备上，就可以收集到声音、热量和振动等数据。重点关注全厂最关键的设备，可以提高工厂的整体韧性和可靠性。

在安装传感器之前，管理人员应测量资产的基准性能，以便对传感器进行校准，采集传感器安装前的实际性能。在布设传感器的同时，无论是作为套件还是员工的可穿戴设备，都需要具备传输传感器数据的能力（可能需要网络投资）和处理传感器生成数据的能力。同时，应为中控台、数据分析和机器学习预留投资资金。

数字化转型效果取决于炼化行业如何转变其数据资产的管理方式。炼厂需要重新审视数据管理方法，要杜绝使用那些特定部门的、孤立的、有时间延迟的，且无法用于决策的数据。

3.5　油气销售

- 过渡期：5～15 年
- 影响力：3/5
- 关键技术：自动化、物联网、云计算、应用程序

大多数人所接触到的油气行业都是其价值链的消费端——油气销售。2017年初，我在参加一次会议时，某国际油气公司的高管提出了以下问题：数字技术会对加油站产生什么样的影响？未来的加油站会变成什么样子？该公司的全球销售网络约有17000个加油站，其中有些加油站由其公司完全拥有，有些属于特许

经销商。

他向与会者提出这一问题是由于技术进步表明,变革油气销售商业模式的条件已经成熟,且油气销售领域正在转型。显然,由于电动汽车不使用油气燃料,转向电动车可能会影响大量油气零售基础设施,这些基础设施包括油气销售资产的整个价值链,如油罐车车队、油库、相关管道和船舶等。为分析油气销售分销商面临的经济风险,不妨假设加油站的平均价值为 200 万美元(土地、建筑物和设备)。当然,对于土地价值更高的发达国家来说,这一价值可能稍低,而在车辆普及率更小一些的发展中国家来说,可能又稍高。全球约有 300 万个加油站点,这类资产价值高达 6 万亿美元,而他们的价值却在慢慢减少。

然而,引发汽柴油需求变化的并不仅仅是电动汽车,燃油汽车的数字功能也将造成类似影响。

3.5.1 新款先进车型

升级汽车的数字功能是比较容易的。无论是混合动力车型(同时带有汽油发动机、电动机和电池),还是纯电动车型,又或是氢能车,新款车型的车载计算机、传感器、激光雷达、雷达、仪表、制动器、显示器和控制装置都配备大量芯片。汽车制造商愿意在汽车中加入更多的数字智能元素以减少油耗,并实现汽车云端互联。

> 据 EV World 报道,2015 年,传统燃油车用铜量不到 50 磅,主要用于布线。2025 年,受数字化和电气化影响,全电动汽车用铜量将达到 132 磅。

新型汽车将采集更多的数据,数据类型包括发动机性能、刹车系统、驾驶习惯、燃油使用、音乐偏好、驾驶路线和乘客人数等。我们用了近 10 年的时间明白了一件事,那就是无论是什么样数据都具有价值,尤其是大型消费者数据集。Facebook、Apple、Google 和 Amazon 的经验表明,消费者会进行个人数据交易,以换取有价值的物品。

车辆专属的数字化功能主要有 3 种:自主、互联互通和共享使用。随着这些功能的逐步引入,交通运输行业对汽柴油的需求将会降低。

一旦车辆拥有自动驾驶功能(要实现自动化并不需完全电动化,利用自动巡航功能即可实现），就会减少很多不良驾驶习惯，不再有猛起步、急刹车、等候期间空转以及在上坡时挂高挡等情况出现。车辆可以实现完美驾驶，这就相当于提高燃油效率，减少燃油需求。具体数值尚不确定，但最近一项关于特斯拉汽车的案例表明，通过提高驾驶效率，Model S 车辆单次充电可行驶的距离是官方宣称可达到里程数的 2 倍。

车辆拥有互联功能并与云端联网后，车辆间就可实现相互沟通。由于计算机的反应速度比人类的最快反应速度快 100 倍，用计算机控制刹车，车间距可以更近。车距更近，后车便可利用前车的牵引气流，达到节约燃料的目的，就像环法自行车赛中的自行车队一样。如果紧跟在前车的后面，在高速行驶的过程中，前车会承受多数风阻，其尾部一定空间内就会形成一个近似的真空，后车处在这个真空区域内行驶就完全没有风阻，这就叫牵引气流。自行车骑行者在编队骑行时可以提高 40% 的效率，大雁在 V 形编队飞行时也能获得同样的好处，车辆在公路上也是如此。

随着 Car2Go、Uber、Whim Lyft 等共享用车服务的普及，数字化有望减少购买新车的需求，甚至完全消除拥有车辆的必要性。大多数私家车的利用潜力并未被完全释放，因其大部分时间都在车库或停车场闲置。假设一辆标准的个人通勤车每年以 60 千米/小时的平均速度行驶 20000 千米，其利用率仅为 3%。对于许多千禧一代来说，既然有共享汽车可用，就完全没有必要拥有既昂贵又很少使用的私家车了。尤其是在品质和舒适度方面，共享汽车甚至可能远远优于私家车辆。

在所有其他条件相同的情况下，车辆利用率从 3% 提高到 6%，提供相同数量交通服务所需的车辆数量就会减少 50%。如果这种共享车辆的商业模式可以兴起（从对按需租赁车队的兴趣来看，确实如此），汽车公司应该关注这种趋势，油气销售公司同样应该关注未来的燃油需求。

随着共享车队的增长，车队运营商将不断淘汰传统老旧燃油车型，转而使用具有自动驾驶、互联互通功能的新型电动汽车。

瑞典的一家公司正在做车辆在行驶过程中充电的试验。eRoad Arlanda 为一英里长的道路安装了电气化轨道，可在汽车行驶时给电池充电。该系统适用于配备专属动力联轴器的车辆，动力联轴器可下降与轨道接触，系统会自动向司机收取电费。其他新技术也在紧锣密鼓的研发之中，如嵌入式感应充电系统。

这些功能（自主、互通互联、共享）也适用于卡车运输业，该行业更容易受这些技术的影响（也许共享的影响会少一些）。考虑到卡车运营商以实现高利用率为目标（卡车只有在行驶时才能赚钱），提高经济性最有力的手段就是降低燃油消耗（利用自主和互联互通技术）与提高负载水平。卡车车队周转速度也快得多，全球只有3.3亿辆卡车。由于燃煤发电能力不断降低，卡车运输业一跃成为最大的温室气体排放源，而卡车运输车队还在不断增长。卡车运营商将很快面临与煤炭行业相同的排放审查。

未来的发展轨迹愈发清晰：随着时间的推移，汽车和卡车的数字化和智能化水平将持续提升。由于卡车及汽车制造商面临着实实在在的减排压力，再加上好的创意和技术会在互联互通的数字世界迅速传播，在当今云计算、大数据、物联网的时代，不难想象，车辆最终将变为共享的交通运输机器人。

目前，我们不清楚车辆使用的是哪家公司的燃料，是公司A的，还是公司B的？我们的汽车可能会显示行驶一段距离所消耗的燃油量，但不会显示所花费的金额，也不会显示碳排放量。我们只能在大脑中粗略评估车辆性能，这是数字化要解决的问题。

另外，你的下一辆车甚至可能都不是燃油车，可能是带有可更换电池的纯电动车，可以在停车位的电源板上充电，也可能像扫地机器人那样，利用车库或购物中心的充电桩充电，还可能使用氢气、压缩天然气或液化石油气等燃料。

未来，一部分油气燃料需求将永久消失，因为许多客户，特别是年轻一代，可能会为环保理念而放弃油气燃料。当然，其他绿色燃料可能也会取而代之。因此，只要客户有购买燃料的需求，未来的加油站也会继续发挥作用。

3.5.2 油气销售的现状

在过去很长一段时间内，汽柴油的消费体验都没有过发生实质性的变化。消费者把车停到加油机前，下车，输入加油信息，拿起加油枪，将油加入油箱，然后在机器上付款（或进入收费处付款）。汽柴油的气味很冲，会让你怀疑尾气是否有毒，且溢出的油味会持续数小时。这种情况已经持续了50多年。

当然，在这期间也发生了一些变化，如取消了加油员，转为自助加油，增加对讲机，引入忠诚度计划等，但总的来说，变化不大，只是增加了消费者的工作量。

油气销售商不像 Google 那样真正了解他们的客户。如果以信用卡方式付款，信用卡中心会向您发送账单，而您的借记卡则不会留下地址或任何其他个人数据。除非你参加忠诚度计划，否则消费者实际是匿名的。

走进加油站，除了明显的品牌标识外，消费者会发现，所有加油站看上去都差不多，配置方式也一样。加油站工作人员在栏杆或金属网后面，或者在玻璃单间里。在某些国家，入口处可能有全副武装的警卫把守。就连收银机，20 年来也几乎也没有任何改进。再看看加油站内商品的布局，糖果和垃圾食品放在较低的位置，对于那些父母付款时带着的孩子来说，显然不太友好。

油气行业的零售体验与杂货、服装、鞋类、礼品、音乐、书籍等其他商品之间的差距很大，而且越来越大。领先的零售商正在打造全新的购物体验，以满足客户需求，包括无收银员购物、线上下单线下提货，以及送货上门等。

除了电动汽车的出现，油气销售面临的另一个威胁是"出行即服务"（MaaS）的推出。该理念在芬兰首次提出，是指以固定价格为客户提供交通服务。只要使用数字钱包按月支付固定费用，客户就可以无限制地使用 Cars2Go 等共享汽车、自行车、地铁、火车、公共汽车、出租车，以及 Uber 和 Lyft 等租车服务。目前，几乎每个城市，这些交通服务都有不同的运营商，需要单独注册并进行支付。随着 MaaS 的推出，消费者不再需要拥有得不到充分利用的个人交通资产。该服务的月费很可能低于私家车每个月的保险费，在经济性方面非常具有吸引力，特别是对于习惯共享资产和频繁短期租赁的下一代消费者。

该服务的另一个好处是，能生成庞大的消费者数据集，有助于运营商挖掘消费者的隐形消费习惯，包括行程、购物模式、未充分利用的路线、过剩的服务能力和高价值的服务等。

3.5.3　油气销售的未来

如果有关注或体验过特斯拉或其他新款电动汽车，且经营着一家加油站，那么您的确有紧张的理由。以特斯拉品牌为代表的，高速、时尚、数字化、智能化的电动汽车，以及千兆超级电池工厂和太阳能屋顶发电等新技术的涌现，可能会使加油站遭到淘汰。电动汽车为消费者开启了一个充满无限可能的世界，其中蕴含的一个基本逻辑是，电动汽车车主无须去加油站加油。那么，向电动汽车转型会使大量油气销售基础设施停用吗？

预计未来的油气销售业务将会变得截然不同，数字化监控碳排放、燃油转型以及下一代数字驾驶功能都将被整合到一起。

想象一下可以像办理航空公司的登机手续一样，利用车辆应用程序（如CloudCar）设置车辆和驾驶员信息，付款时不再需要加密狗或会员卡（没错，这些应用也已经过时），而是直接使用手机付款。利用区块链技术，未来甚至可能在油箱油量下降的同时进行支付，而不是在加油时支付油费。对于那些舍不得一次性购买整箱油的消费者来说，可以只够买他们需要的能负担得起的量。这是一种真正了解客户燃油使用习惯的方式。

类似CloudCar的应用程序可将驾驶数据上传到云端，再与含有燃油购买数据的应用程序相结合，从而形成一个闭环——把燃油的成本和含碳量与碳排放以及驾驶行为互相关联起来，并在云端形成你的车、燃料以及排放的数字孪生体。

可利用应用程序充分挖掘与驾驶相关的有用信息，如正在驾驶的司机、驾驶距离、驾驶频率、所使用燃油量，以及某些司机的排放量与其他司机间的差距。

进一步分析数据，城市规划者可以计算城市交通碳排放量，因为燃油使用、碳排放以及驾驶行为都与特定的基础设施相关；城市停车政策的碳成本更加清晰，因为应用程序可以显示找停车位所用的时间和燃油量。

对于驾驶员，应用程序可显示自己的燃油碳足迹与附近其他人的对比情况。让人们了解自己与他人能源消耗的真实对照数据，是驱动驾驶行为改变的最佳手段。围绕低碳目标，驾驶也游戏化，司机通过发布最低碳的上班驾驶路线，来获得关注者点赞。

3.5.4 新商业模式

高质量的消费数据将促使燃料销售方式的创新：从消费方的角度来看，在需求旺季的时候，客户知道燃油价格会上涨；从销售方的角度来看，零售商知道油罐里有多少燃油，可提前促销以便让消费者在需求旺季之前购买，不但可以减少加油站里的排队车辆，减少油品运输过程中的挥发，而且还可以防止燃油耗尽和罐装带来的不便。

在汽车技术变革的转折点，脱碳压力不断加大，替代燃油加速占据市场份额。燃油零售商可利用数字技术监控燃油使用情况，并利用这些数据调节供应链，包括从炼厂运行到批发库存整个链上的供应变动。

燃油配送初创公司已经在挑战传统的零售商业模式。在云计算和应用程序等数字技术的加持下，这些数字化创新服务在价格上可与传统加油站旗鼓相当。消费者不必在下班回家的路上进入加油站加油，只需要使用 WeFuel 或 Filld 服务选择是在工作时或是在购物时将燃油派送到其车上。想象一下，您将车开到购物中心，车载应用 CloudCar 在检测到燃油需求后，发送把油箱加满指令，并使用区块链技术记录购买结算。虽然这项服务可能会收取额外费用，但将燃油直接派送到车上而无须去加油站，可为消费者节省宝贵的时间。对于加油站来说，燃油派送服务是一种威胁。

燃油零售商正在尝试控制车辆的油箱，埃尼集团、波洛莱集团和雷普索尔等公司已投资 Enjoy、Autolib、BlueIndy 和 Ibilek 等共享汽车公司。未来，利用汽车的自动驾驶功能，这些车总是会回到他们自己公司的加油站加油。

下一项燃油销售创新可能是机器人加油或 FuelBot 服务。FuelBot 服务可根据成本效益设计最优行车路线，结合油箱剩余油量以及加油偏好规划加油行动。随着光学处理、自主技术、机器学习和云计算技术的进步，一个灵活的机器人能够弄清楚如何为特定品牌和型号的汽车加油（油箱盖在哪里，如何打开油箱门），并将所学习到的经验共享给其他机器人。未来无人自动驾驶技术结合 FuelBot 服务，可实现车辆夜间加油，在节约时间的同时获取经济实惠。如果 FuelBot 和车载应用 CloudCar 可实现互联互通，FuelBot 就可以根据驾驶习惯和油箱剩余油量做出合理的规划，评估车辆需要加多少油，并向客户提出加油量的建议。

除了车内的 CloudCar 应用和加油站的 FuelBot 服务，消费者未来在加油站会获得怎样的体验？未来的加油站会是什么样的？未来的加油站可能会更加智能，更像是一个社区的能源中心，太阳能电池板可安装在顶棚或屋顶上，又或铺设在加油站周围的人行道上。未来的加油站可以为燃油车提供燃油，为电动车提供充电以及更换电池服务，为天然气汽车提供压缩天然气，为氢能汽车提供氢气。由于整天都有自动驾驶汽车进站加油或充电，未来加油站的利用率会更高，甚至占地空间会更小。

3.5.5 改善客户体验

零售业的自助结算台很快就会出现在加油站。随着零售业最终向无现金操作转型，越来越多的自动结算台将投入使用，消费者将使用智能手机的应用程序购买燃油。未来智能加油站（SmartStation）将很少发生武装抢劫事件，因为人们无须再随身携带现金。

手机应用程序还有助于将客户引导到自己公司的智能加油站。事实上，客户也希望实现各渠道的无缝衔接。参考便利店或沃尔玛的加油站便利店（Pickup & Fuel）模式，甚至是星巴克的移动应用程序，未来可利用 CloudCar 程序提前下单，甚至可以计算更精确的到达时间，以便智能加油站准备饮品。

CloudCar 程序还可提醒智能加油站 VIP 车辆正在接近，按照订单预先制作食品和饮品，或根据之前的购买历史进行促销。久而久之，智能加油站就可结合天气情况、当地活动以及假期，相应调整货架库存水平，以保障充足供应那些需求旺盛的商品。

大型连锁便利店会不断推陈出新，因为新产品会吸引更多的顾客。利用 CloudCar 应用，智能加油站可向消费者推送新商品的信息，而数据分析技术有助于将这些通知推送给最合适的目标人群。

3.5.6 漫长的过渡

全球汽车完全采用数字功能可能需要相当长时间。2018 年，全球约有 10 亿辆汽车，在现有工厂和供应链的条件下，汽车制造商每年生产 7200 万辆新车，其中一半用于置换旧车，另一半是为了满足市场增长的需求（例如，美国每年新增 1500 万名司机）。但很多被置换下来的旧车最终都进入了二手车市场，从而延长了其使用寿命。

即使我们希望每辆新车都是全自动或电动的，按照目前的制造能力计算，要改造现有的10亿辆汽车，至少也需要33年的时间。政府如果要买下所有燃油车，需要耗资数十亿美元。鉴于当前政府面临的各种压力，实现这一计划的概率微乎其微。

虽然人们很可能在几年内仍需驾驶燃油车，但原油市场对细微的供需变化相当敏感。电动车和自动驾驶汽车很快就会对全球原油市场产生影响，中国就是一个例子。

IEA报告显示，2016年全球电动汽车保有量达到200万辆。这个数量虽然不多，但电动汽车实现第一个百万辆用了20年，而从100万辆到200万辆只用了一年，其中大部分增长都在中国。西方世界没有察觉到市场的这种变化，因为这发生在遥远的中国，并且生产这些车辆的公司很多是都不做产品出口业务或是不做广告的低调公司。

由于中国的汽车保有量远低于北美，因此，首次购车者更有可能购买最新的自动化程度高的电动汽车。中国驾驶员的期望和行为受这些新的具有独特功能的交通解决方案的影响，而西方驾驶员对车辆的期望则由现有车辆（燃油车）决定。中国消费者似乎更愿意接受低排放汽车，因为这将有助于改善国内的空气质量。

当然，一旦有足够的电动交通工具进入展厅，决定权就在客户手中了。前六大汽车公司生产的汽车占汽车销量的50%以上，并且都声称正在开发部分依赖电力（混合动力）或完全依赖电力（全电动）的新动力传动系统。福特公司明确表示，全电动是实现零排放未来的必由之路，混合动力汽车可能只是一个过渡。汽车制造商已经开始宣传他们的新电动传动系统，声称新系统将为消费者节省很多燃油费用。

运输燃料（尤其是汽油）需求降低到何种程度才能会影响到原油的价格？如果要获得精确数字，这是一个很难回答的问题。一个简略的评估方法是弄清楚原油市场何时会对细微的供应或需求变化做出反应，以及一辆普通汽车每年消耗多少汽油。如果可计算出汽车采用数字功能和电动功能的速度，则可以确定由需求降低而触发价格变动的时间点。

2014年6月原油市场曾出现过略微供过于求的情况。欧佩克超过需求的日产量在100万~200万桶之间，因为100万~200万桶/日约是日产量的

1%~2%（当时的日产量大约是9500万桶）。那么，需要多少辆新型数字汽车才能达到每天置换出100万桶原油的量呢？我们称这个量为需求破坏临界点。

全球每天消耗的原油量约为1亿桶，即每年365亿桶。其中大约25%的原油被加工为车用汽油，即每年需要大约90亿桶汽油。10亿辆汽车消耗90亿桶汽油，相当于每辆汽车每年消耗大约9桶汽油。这种计算方法非常粗略，而且不够精确，但它让我们对每辆车的用油需求有一个粗略的了解。

每天的100万桶原油提炼出25万桶汽油，每年能提炼出9100万桶汽油，按每辆车的耗油量为9桶计算，可供应约1000万辆汽车。一旦全电动汽车投用量达到4000万辆，100万桶/日的原油需求将遭到永久性破坏。前200万辆全电动汽车已投入使用，用不了10年就可以达到4000万辆，因为每年电动汽车和数字汽车的增加幅度具有累积效应。中国这样的大市场将更快地达到临界点。

当然，短期来看，内燃机的需求将持续增长，汽油需求也会随之增长。但由于电动汽车增速很快，总有一天，电动汽车的累积基数会超过石油需求的增长，使市场供过于求，进而搅乱整个石油市场的价值链。汽油需求的减少会加速，柴油需求也不能独善其身。对于油气公司来说，更令人担忧且更难以预测的是节能、互联互通、自动驾驶和共享汽车的影响，以及电动踏板车和自行车的兴起，它们将更快地改变燃油需求。

领先的油气公司已经预见到这一挑战，对在2030年左右或之后实施的油气基本建设项目会更加谨慎。许多原油消费模型表明，2030年是临界点，届时交通运输行业的燃油需求将开始下降。

3.6 工程建设

- 过渡期：10~20年
- 影响力：4/5
- 关键技术：协作、云计算、区块链

油气行业依靠工程建设公司建设新的基础设施（炼厂、管道、天然气厂、液化天然气设施、化工厂和罐区）。当油价非常高或利润率很大时，建设成本对项目开展的影响不算太大。毕竟，建设成本可摊销在整个项目的生命周期（可能是40年或更长时间），少量的额外支出并不会令人担忧。一项大型支出计划，如100亿美元的LNG工厂摊销到每年只有5亿美元，这对于每年可产生50亿美元现金流的企业来说是微不足道的。因此，资产所有者不会过度关注工程建设公司在交付新资产方面的表现。

然而，随着油价的下跌，油气行业开始大幅削减资本支出。德勤能源解决方案中心的一项研究表明，2015—2017年，全球油气行业取消或推迟的投资额约为1万亿美元。这些投资原本可用于延长现有资产的使用年限或建造新资产。随着油气井产量不断下降，当递减率达到约6%/年时，则必须进行投资以接替下降的产量（500万～600万桶/日），同时为增量提供资金（还需100万～200万桶/日）。最终，油气行业不得不恢复资本支出。

然而，麦肯锡公司对各行业数字化转型的成熟度评估结果显示，工程建设是全球所有行业中数字化成熟度最低的领域之一。在过去20年里，全球油气行业的建设能力实际下降了25%，而其他行业大多都取得了进步，其生产力水平更高了。工程建设的数字化创新，将会对无法获得充足投资的、价值数万亿美元的油气项目产生非常大的影响。随着资产成本的下降，资本支出的经济效益得到改善，这将鼓励董事会批准建设新项目。

2016年，我参加了一项对澳大利亚液化天然气项目进行的评估研究，一方面要评价这些项目的全球竞争力，同时也指出哪些变革措施可改善该国液化天然气行业的发展趋势。该国预计亚洲市场上的天然气需求将持续增长。为满足这一需求，其国内有大约10个世界级的液化天然气项目已做好扩建准备，还有一系列停滞的项目有可能重启。液化天然气目前是全球第二大最有价值的大宗商品，许多国家（美国、加拿大、莫桑比克、卡塔尔和俄罗斯）都迫不及待地向需求强劲的亚洲市场供货。廉价且丰富的天然气固然重要，但交付具有成本效益的资产项目也很重要。

在交付这些大型基建工程方面，澳大利亚工程建设公司的业绩并不好，大多数液化天然气项目要么推迟交付，要么超出预算，要么两者兼有。政府预期的特许权使用费也远未达到计划。该评估研究主要是为了查明这些项目在哪些方面没有竞争力，以及该国应采取哪些措施提高其作为具有成本竞争力的全球供应商的地位。在评估过程中审查了所有已知的、正在运营的液化天然气项目，并按盈亏平衡价格进行了排序。结果显示，澳大利亚的项目几乎都处于成本规模的最高位。

一个重要的评估发现是，年产900万吨液化天然气的项目，如果将建设期从4年缩短到3年，在整整20年内，可以将其盈亏平衡成本降低1美元/（百万英热单位·年）。100万吨液化天然气相当于52万亿英热单位。因此，一个900万吨的液化天然气厂，如果提前12个月交付，在20年内创造的价格优势为4.68亿美元/年。

3.6.1 工程建设的现状

油气行业有多种关于液化天然气设施建造的时间线管理方法，这些方法可追溯到20世纪90年代卡塔尔的项目开发，澳大利亚进行了微调，现在北美也采用这些方法。首先，工程设计是一切的起点。目前，工程建设的数字化程度非常高，设计几乎完全通过数字化方式完成。标准可能还不够数字化，但至少生成的内容是数字化的，且数字版的内容比以前的手绘版本更容易复制。

其次是模块化建设。资产并不是在现场建造的，而是作为一系列模块，在海外制造工厂建造完成后，运至现场，再完成拼接组装。多个制造工厂可同时构建多个模块。某些交货时间较长的物品，例如钢材，需提前订购。当然，如果钢材数量尚未完全确定，对于买家来说也存在一定的过量采购风险。一些需求量大的、昂贵的租赁设备（起重机、船舶）也会按进度表上的具体时间进行预订。

为了控制劳动力成本，资产所有方会尽量签订覆盖整个项目周期的劳资协议，并与主要供应商就固定价格合同进行谈判。这将成本和进度风险推给了工程建设承包商。这将促使承包商从合同中删除掉任何可能增加成本且不保证收益的项目（如数字化创新）。

坦率地讲，这些主要是承包策略。这些策略确实很重要，它们往往关系着建造新资产的成本和生产效率。

为测试工程建设公司对数字化创新的接受程度，我与两家大型工程总包（EPC）公司进行了会谈，以了解他们对资产所有方要求的数字化创新有何反应。答案是"我们至少会将价格提高20%"。虽然EPC公司也不愿意搁浅为自身所需的系统和方法进行的投资，但这些系统和方法可能与资产所有方的需求相左。

虽然现在的 EPC 公司完全有能力将数字化创新推向工程建设，但他们并未这样做。一方面，有些公司自身的数字化水平就没有那么成熟；另一方面，有些公司的所在国并不鼓励数字化投资，因为担心数字化会引发失业。虽然那些可以用来提高工程建设生产力的、与其他行业相同的数字技术（云计算、移动设备、分析方法、电信网络、廉价传感器和机器人）已经可用。

3.6.2　工程建设的未来

"云设计 + 云工厂"（不只是特定资产的运作，而是整个工厂）是一项非常重要的技术，它是质量和技术审查、劳动力动员以及投资方参与的基础。利用"云设计 + 云工厂"进行审查可以发现设计问题，避免出现返工；可以更快地引导和调动员工队伍，减少工厂延误；可以让投资方了解工厂的具体运作，消除项目阻力；可以将数字化设计纳入增强现实引擎中，为用户提供更加直观的体验，使用户参与设计。

"云设计 + 云工厂"不必从头开始。为制作数字孪生工厂，一些行业领导者已将传感器、无人机和机器人等技术应用于已建造或正在建造的资产中，生成的 2D 和 3D 资产图纸不会完美无瑕，但足以为建设者提供价值。

> 一家天然气公司终止了一座工厂的建设（该工厂由某 EPC 公司设计施工）。将整个工厂拆除后，所有的设施都被集中在一大堆集装箱里。后来，集装箱内物品的说明文件丢失，尽管各设施完好无缺，但却无法进行组装。一家机器人公司与 GE Predix 进行合作，将带有传感器的机器人置于每个集装箱中，捕捉内部设施（管道、泵、风扇、阀门等）的图像，创建物品清单，然后根据集装箱内的物品配置了相应的数字构建指令。

为什么设计计划也需要数字化转型？优秀的设计如无可靠的计划支撑，执行时间很可能会被延长。现在，行业领导者将施工计划转换为视频模式，需要接受与工厂设计相同的质量和技术审查，同样需要劳动力动员和投资方参与。一旦工程师可以更容易、更直观地了解计划的实际执行情况，建设周期可比计划周期缩短 10% 以上。计划数字化最终可将每个工人、每个租赁资产、每个工具、每个许可证和每一项活动都纳入其中。在许多其他行业中，这种大数据问题已经得到解决。

现在，随着设计和计划以数字技术的方式联系起来，便可利用人工智能技术来优化分析、构建以及执行任务。可在各种特定目标和情景下，对建设计划及其设计进行数百万次的测试和模拟，以了解其效果以及改进方式。传统的工程逻辑认为，对于工程建设，成本最低、效率最高的方法是优化劳动力成本；但人工智能审查结果发现，优化运输通道或设备租赁可能会更胜一筹。

工程建设领域最普遍的问题是，对于微小设计失误和建设接口错误发现得太晚。接口是一种资产（如管道）与另一种资产（如泵）进行衔接的部位。行业领导者利用激光雷达传感器，构建数字化的管道和泵接口，可以快速发现接口错误。通过这种方式，实际交付的资产可完全相互匹配，减少了施工延误。

另一个工程建设领域普遍的问题是，工程规模可能超出人类的理解和管理的能力。领先的创新者使用无人机飞越大型建筑工地，从空中收集详细数据，创建数字化的在建工程信息，以了解建设状况。为确保项目按计划进行，提高当前进度的数据质量至关重要。

导致项目实施延误的一个主要原因是在跨司法管辖区域运输物品时，需要编制和处理繁杂的文件，如报关单、检验单、清单、装箱单和计税文件等，而这些都是应用区块链技术的完美场景。利用区块链技术实现数据共享，可以有效避免货物交付的延误。Maersk 公司启动了一个使用区块链技术改进运输文件的项目。据世界经济论坛估计，通过提高贸易效率，全球 GDP 可增长 5%。

建设工地通常比较混乱，经常找不到一些必要的物品，例如散落的工具、钻模以及租赁设备。在数字世界中，这一问题不复存在。几乎任何移动资产或物品（包括工具、设备和车辆）都可以安装廉价的传感器，以确保其实时可见。连 40 美元包裹的精确位置和到达时间都可追踪的时代，却无法确定建设工地上每天 2000 美元租费的起重机位置，实在令人无法接受。

研究表明，由于每天上班晚、下班早、缺少许可证、缺少工具、工作人员技能不匹配等条件限制，建设现场工作人员的生产效率最多只有 50%。然而，现在的工人几乎人手一台超级计算机。这些超级计算机可用于提供培训、捕获安全问题、发送和接收工作指示、发放许可证、跟踪工具使用情况、记录工时、获取生产力数据和识别质量问题。即使是进入工地这样简单的行为也可以加速，在门口可使用应用程序或人脸识别器，实现工作人员快速刷卡通过。

工程建设的回报是丰厚的，但采用数字化创新的障碍也是很难消除。

3.7 维护作业

- 过渡期：5～10年
- 影响力：2/5
- 关键技术：云计算、物联网、ERP、人工智能

维护作业是指小心地将连续生产油气的井或设备停止，进行一系列维修和机械调整，再恢复运行的过程。几乎所有的油气资产都要进行计划性的维护。两次维护作业之间的时间间隔越长越好，维护作业期越短越好。

数字化转型对维护作业的影响非常大，因为对维护计划的任何缩减，都会同时影响多个关键指标。维护时间缩短，意味着成本降低，资产使用率提高（因为资产重新投入使用时间更快），资产投入使用期间每天的收入都会增加。

3.7.1 维护作业的现状

最近，我遇到了某油气公司负责改进维护作业的高级规划师。维护作业是极其复杂的工作，一项维护作业所涉及的维修和调整范围可能大得惊人。从修理损坏的栏杆到回收加工装置中的催化剂，一切都需要在维护作业进行的当年或数年前就做好精心规划，维护作业可能会涉及数千个步骤。作业当天，会有成群结队的临时工来到工厂，等待任务分配；零件和设备源源不断地被运到现场；大量租赁设备（动力装置、起重机等）等待作业指示；脚手架和临时性建筑被迅速搭建起来，以便进行高空作业。

各工厂所要进行的维护作业各不相同，因而无法在各工厂间复制良好效果的维护作业。维护作业也不经常进行，有时一年进行一次，有时甚至好几年才进行一次。组织者很容易忘记哪些做法有效，哪些做法无效，特别是在员工流动率较高的时期。维护作业期可能只持续15～20天，因此很难确定为改进维护作业进

行投资是否必要。

大多数管理层都非常理性,知道工厂只有在运行时才能赚钱,因此其目标是最大限度地减少大修所需的时间和成本。他们会积极增加工人和租赁工具的数量(2~3倍),以防止维护作业出现延误。在利润微薄时,特别在偏远地区(如加拿大远北油砂或北海近海)进行大修时,若在现场保持大量的人力和设施资源,其成本高得吓人。

维护作业中几乎涉及的所有要素(人员、时间、法律法规、设备、排放、能源和易耗品)的成本都在增加,而数字化转型的成本却已降得很低。当下,现场有如此多"超级"计算机,如何运用数字化解决方案解决维护作业难题呢?

首先要深入了解工厂情况。如果标签与设备不匹配,如果设备记录已过期,如果图表不能反映实际安装的设备,那么利用这些劣质数据很难优化维护计划,因从一开始就是错误的。数字化转型给维护作业带来的最大好处是,可在维护开始之前进行数据修复。

一般管理维护作业的工具和方法都倾向于把作业定义为一个项目,而不是一个过程。维护作业显示的是类似项目制的、典型的成本和生产力改善情况,而不是类似制造业以过程为中心的、可产生更大更具影响力的收益。在设计、实施和改进制造工艺(例如装配线)的过程中,制造商会不断减少浪费、降低成本。维护作业也具有一定程度的重复性(例如人员进场和作业动员),这些可以充分利用制造业中的各种先进工具和方法。

由人类制订的复杂计划难免会出错。就像工程建设项目一样,维护计划可能会非常庞大,复杂到难以让人完全理解。由于计划往往存在着可避免但难以注意的错误,昂贵的租赁物品可能会被闲置,白白被收取费用。

维护作业开始后,仅仅是在现场查找人员、设备和工具就可能是一场噩梦。在许多作业活动中,都会突发找不到工具的紧急情况。因此,便会向能够找到丢失工具的第一个人提供赏金。不可避免地,这也助长了工具丢失的现象,因为找到工具的人可以获得赏金。

另外,雇用大量缺乏经验的劳动力(临时工)本身就是一项挑战。他们需要快速接受作业培训,并具有超过平均水平的沟通能力,以解决当前无法预料的问题。数字化转型可帮助他们提高生产力。

3.7.2 维护作业的未来

数据是维护作业的重要推动力。高质量的数据可以带来许多好处，就像劣质数据会阻碍传统的手工作业一样。尽管做起来比较困难，但必须将多余、过时且琐碎的工程数据删除，设备标签必须与记录匹配，图表必须与资产登记册中的资产正确对应。许多油气公司采用多个不兼容的系统处理工程数据，生命周期较长的资产甚至还采用纸质记录，并且还以这些记录作为业务依据。先进的做法是从最初创建数据的基本建设项目中采集资产数据，并将这些数据准确地更新到资产登记册中。

想象一下，我们打开一本食谱，却发现配料与说明不符，或者虽然配料正确，但数量不对，或者说明有问题，或者温度、时间有误，或者图片与成品不符。厨房可不允许出现数据质量问题。

油气行业数字化领导者会构建数字版资产，以及维护作业所需工具、设备和人员的数字档案。数字孪生技术可使得维护作业实现可视化，这有助于工程师了解空间的限制、瓶颈和物流问题。数字版资产可在计算机显示器上以图形方式显示，甚至在更高级的设备中以 3D 全息影像显示，可让工程师在制订维护计划时能够虚拟地飞过、绕过甚至穿过这些资产。

高级版本的数字孪生还包括租赁设备、脚手架、备件、车辆、库存场地、工作人员以及他们的生产指标、质量指标和成本。这个数字孪生中的数据量令人目不暇接，但仍在现代计算机系统的处理能力范围内。

负责维护规划的工程师已经完善了 Primavera P6（工程项目管理软件）在检修中的应用。维护作业的进展速度和阶段、持续时间、所需资源的数量、成本以及设备和工具需求都可通过应用准确获取，同时还可记录各岗位和作业的实际数据，以便深入了解作业的执行情况。

领先作业公司进一步完善了 Primavera P6，把计划加载到软件的模拟引擎，并将其与资产的数字孪生相结合。现在，工程师可以"把玩"维护计划，看看它是如何与资产相互作用的：发现工序问题，例如起重机到达现场却发现没有可以吊装的梁；发现物理限制，例如气流、转弯半径或桥梁重量载荷；发现影响生产力的因素，例如队列和瓶颈问题、停车位不足以及停放空间不够；发现过度投资，例如从未使用过的租赁资产或未充分利用的人员。

接下来，会在各种条件下"玩"游戏（模拟维护作业），包括恶劣天气、事故、器件短缺和质量问题，生成足够的额外数据并获得新认识，让人工智能引擎接管计划制订工作，以避免浪费时间和过多的成本。经过数百万次可能的场景迭代，就像学习下棋那样，人工智能就能够帮助缓解天气、事故以及其他难以预料的突发事件的影响。人工智能有助于发现更深层次的计划问题和限制因素，确定当前人员和资源的最佳利用方式。工程师则运用更人性化的理解，制订更好的计划。

澳大利亚 Real Serious Games（RSG）公司为水力、电力、油气基础设施等资产密集型行业提供游戏化模拟服务。RSG 是一家构建工业化应用（例如建设项目、维护作业和安全培训等）游戏引擎（视频游戏的基础技术）的专业公司。该公司与维护项目工程师一起根据作业计划构建其可视化效果，项目结束后，会取证并研究成本超支情况。

在实际作业期间，所使用的资源（设备、工具、资产、消耗品和库存）需要接入网络才能实现可见。为确保可见性，大型现场需要架设电信网络，并充分利用所有袖珍超级计算机。该网络可将所有实际情况反馈给计划人员，他们将利用 AI 及其场景模拟能力不断修正计划。

作业中使用的许多物件（工具或租赁设备）都已配备了轻型信标，以显示其存在。一旦超级计算机进入信标的范围，它就可以将信标位置广播到云端。规划人员预期，最终绝大多数现场人员和物资都将被整合到作业行列。

维护规划人员和管理人员需要确保现场团队能够执行作业任务，这是非常有挑战性的。因为大多数作业人员通常都是临时工，也就是说，他们是在作业期间被临时招募来的。这对作业团队的要求是很高的：他们必需根据工作需要随叫随到；为将要进行的工作获得作业认证；配备合适的工具；参加相关安全标准培训。而规划人员通常会尽可能晚地让作业人员加入团队，以尽可能降低成本。

在团队准备方面，虚拟现实（VR）和增强现实（AR）技术大有可为。如果能为作业人员配备各种显示装备（从 Google 的 3D Cardboard 显示器到微软的 HoloLens），以及一组可在日计划或周计划中显示数字孪生及其活动的应用程序，项目工程师就可给视觉图像进行标注,如提醒、警告、任务说明以及其他作业经验。

现场团队经常需要即时获取一些专业知识,如处理不熟悉的泵,或澄清与现场实际资产不匹配的图表。利用AR工具(例如Fieldbit公司的产品),可以让个人或团队能够与规划办公室的高级专家进行交流。带有摄像头的眼镜可将现场的视觉图像发送给高级工程师,高级工程师对视觉图像进行标注并与现场工作人员实时共享。AR技术可帮助团队同步作业进度,同时也避免了高级工程师将时间浪费在往返大型现场的过程中。

进行维护作业时,作业经理必须能够随时向现场发通知、广播注意事项或告知具体的任务变更情况。类似Slack这样的现代化团队协作工具,对于完成这种任务很有用。这些工具非常容易上手,几乎不需要培训,并且可以部署在智能手机或平板电脑上。富有创造力的用户已经构建了数百个应用程序和扩展程序,包括将日历、时间捕获、文档阅读器和相机都集成到程序之中。

工程师需要查看整个P6计划,而工人和团队只需要了解他们的具体任务。幸运的是,Salesforce和ServiceNow等公司提供了多种日常工作和服务管理专属的企业数字化解决方案。这些解决方案还有现成的智能手机应用程序,集成了支持数字孪生的技术,从而能够将图表、规格、说明、材料清单和所有其他关键数据直接交给工人。RedEye等公司的技术还可实现图表标注、工作记录捕获和时间跟踪功能。这些先进的数字化技术可用于维护作业。

有些工作确实不该是由人类来完成,油气行业竭尽所能保护从业人员免受伤害。最终,机器人将被用于危险工作,例如检查储罐——已经开发出可以潜入装满油的储罐,检查是否需要进行修理的水下机器人;高空检查作业是无人机的强项;管道检查则由智能清管器来完成。这些工作由人类控制,机器人将由云端的数字孪生版资产引导。自动运输车辆可实现全天候将零件和设备运送到适当的地点,减少了对驾驶员和起重机操作员的需求。

数字技术可能不会改变维护作业在文化方面的挑战:如现场竞争,总部与现场的沟通不畅,阻碍知识和经验共享的组织模式,以及邻避主义。然而,随着数字化水平的进步,现场工作人员和维护管理人员之间沟通的透明度和水平,也会进一步提高。

▷ 3.8 职能部门

◆ 过渡期：5～10 年

◆ 影响力：4/5

◆ 关键技术：ERP、物联网、区块链、云计算

油气行业价值链的最后一环，我们要讨论一下人力资源、财务和供应链这些职能部门。我可能有偏见，但根据我的经验，这些职能部门的业务需求在很大程度上是通过一个或多个 ERP 系统、报告编写程序和分析工具就能满足的。然而，针对职能部门数字化转型的引信已被点燃，面向数字时代的大型 ERP 改造正在进行之中，职能部门除了响应之外别无选择。数字技术对成本和业务方面的影响力非常大。最新版 ERP 的功能有了巨大变化，一经推出，公司纷纷采购升级（导致采购成本上升），其他的数字技术也会对这些职能部门造成影响。

在财务、供应链和人力资源等职能部门，数字技术的采用速度可能会更快一些。这些部门没有需要被精心管理的活跃资产，与制造过程相比，人类工作过程可以更快地改变：利用机器人流程自动化（RPA）技术可消除当前实际工作中的许多辛苦乏味的工作任务（例如合同审查、报告和发票准备）；区块链技术将彻底变革支付、现场服务、贸易、土地交易和供应链的现状；由于 3D 打印可现场制造某些部件，新的供应链运维方式也应运而生。但 ERP 解决方案将会领跑。

3.8.1 职能部门的现状

20 世纪 90 年代中后期，为缓解成本和生产压力，在油气巨头和大型企业的引领下，油气公司纷纷采用 ERP 系统，尤其是 SAP 公司的。当时的油价价格跌至每桶 10 美元，已经无法降低成本或提高产量。那时，在系统集成商的帮助下，其他许多行业（制造、物流、资源、公共部门、消费品、零售和金融服务）采用 ERP 技术取代数十种不兼容的定制解决方案、难以管理的报告、高昂的大型主机系统、多个数据库以及混杂的系统界面和 Excel 电子表格。

在过去的 15 年里，大多数大型油气公司都发现了 ERP 的巨大潜力，同时行业领导者都在使用的这些解决方案更让人难以抵制 ERP 的诱惑。如果本企业的做法与同行不一致，董事会将质疑你的判断力。当前，规模最大的公司都严重依

赖 ERP 系统来处理财务、销售和结算、采购和支付、人力、薪资、报告、库存、供应链和资产等业务。

一位 CIO 将 ERP 技术比作家用车库。每过几年，你就会发现车库里有东西找不到了（数据问题）；或者车不再适合，因为积累的东西太多（收购）；或者孩子们搬出去却留下了物品（资产剥离）。你必须抽出时间（升级 ERP 系统）处理废物（变更流程），整理架子（重组），清理垃圾（清理旧系统），或者进行车库大甩卖（资产出售）。这甚至可能引发抵触情绪（变革阻力），因为某些家庭成员对幼儿园的一些艺术作品怀有感情（仍采用的传统做法）。处理完旧货后，你向家庭成员大吼大叫（管理变革），要求他们保持车库整洁（维护团队）。几年后，你将整件事抛之脑后，直到车库又混乱不堪（需要更新版本）。

目前的问题是不仅你的车库乱，所有车库都很乱。所有行业都必须改变，除了采用 ERP，别无选择。上一次发生这种情况还是在世纪之交，当时是为了应对 Y2K（千年虫）的问题而成本激增，ERP 部署最终没有发挥最大潜力。当时，团队在选择实施范围时很随意。最初的实施和后来的升级可能没有充分利用 ERP 系统的功能。有时，用户难以通过变更业务开展方式以匹配 ERP 解决方案的功能，不得不选择修改 ERP 系统以匹配其业务流程。同时，治理结构（IT 投资决策委员会和发起人）可能没有大力贯彻明确的策略来利用 ERP。

当前，职能部门被各种无法结合使用的高成本业务实践所困扰，比如：

（1）持续依赖互联网时代之前的传统方式开展业务。

（2）经过大量修改的、维护和升级成本很高的 ERP 系统。

（3）成百上千个不在 ERP 系统之内的其他系统。

（4）大型油气公司拥有多种 ERP 系统。

（5）许多零散的集成软件，试图确保数据库同步、通用数据和互联流程的一致性。

（6）大量使用 Excel 集成各种流程和系统。

在业内并购和收购频发的时期，理顺 ERP 以及其他业务解决方案的投资成本太高，公司难堪重负，只好无限期地搁置这一问题，但必须面对问题的那一天早晚会到来。

与此同时，ERP 技术以疯狂的速度不断发展，这增加了公司的取舍难度。SAP 似乎每 6 个月就收购一家公司，包括 Ariba、SuccessFactors、Concur、Fieldglass、Business Objects、Sybase 和 Hybris 等知名品牌。要想维持所有这些不同技术处于最新状态，是一项艰巨的工作，毕竟它们在 6 个独立且不兼容的数据库解决方案中。

利润回报率偏低时，这些职能部门承受着巨大的成本压力。随着职能部门的成本越来越依赖这些复杂系统，复杂系统的相对成本也随之上升。成本改善难以实现，因为老版 ERP 系统设计的应用环境已不复存在。过去 10 年中发生了许多重要进展，而老版系统都是在这之前建立的。

最初的 ERP 系统并没有考虑智能设备和平板电脑，而是为带有大屏幕和鼠标的台式机设计的。那时尚未有云计算，系统所有者过去必须在内部配置所有必要的计算机基础设施（机房、网络、磁盘场或备份）。最初的 ERP 系统出现时，还没有网络安全、浏览器界面、图形渲染和现代用户体验设计等功能。那时的 ERP 假定人工是最便宜的资源，该系统经过优化，可以对磁盘使用、内存和处理能力进行配给。而如今，相对费用正好相反，即使是按用户许可计费的模式，也不适合这个以物而不是以人为用户的时代。

今天，油气公司面临着降本增效的巨大压力。然而，它们通常拥有数百个独立且不兼容的系统，拥有已经过多次修改和调试的、需要巨大投资的 ERP 系统。这些系统不但维护成本高昂、难以更改，并且也不是为当今的数字世界打造的。ERP 供应商自身也急于改进产品，以降低用户成本，并挖掘数字化转型的巨大潜力。

职能部门除了配合企业升级 ERP 系统之外，别无选择。为显著优化成本和生产力指标，在一定程度上，这些部门确实可进行自由变革，但必须争取实现最大化的投资价值。

3.8.2　职能部门的未来

对于确保在组织内建立高度的信任感和信心方面，职能部门发挥着重要作用：人力资源部门主要是增进公司内部员工和雇主之间的互信，确保薪酬公平、员工可以休假和实现绩效目标；物资采购部门增进公司（作为买家）与卖家（作为商品和服务供应商）之间的互信，确保价格正确，商品符合规格，采购合法；

财务部门增进公司（作为借方）与资本市场（作为贷方和股东）之间的互信，确保成本和费用按照会计准则正确记录和分摊。

在增进信任方面，数字技术发挥着关键的作用，且成本较低，需要人工干预较少。随着各方之间互信程度的提高，有很多作为业务基础的人工操作流程已不再需要，只要一直保存相关记录即可。为了说明这一点，可设想标准供应链流程在数字世界可能有何不同（需要明确的是，所有这些数字技术当下已经存在）。

基于工业互联网的自我监控储油罐，由于自身装有传感器并具备分析功能，可识别出储油罐即将装满，需要在罐区进行常规装卸。

在区块链上创建一个智能合约，以记录事件并同步到公司的ERP系统。ERP系统可根据供应商的绩效记录和与储油罐的距离（可方便地在线查看油罐车位置），选择合适的服务供应商。

供应商的ERP系统记录请求并接受工作，使用供应商供货详细信息（预期时间和成本）更新智能合约，并向油罐车司机发送指令。

到达罐区后，油罐车司机开始卸油，卸油量被储油罐上的智能传感器捕获后，通过卡车卸油管上的智能传感器与油罐车的油量进行匹配。油量匹配后，智能合约中的油量、日期、时间和运输工具信息将会更新。

在罐区中重复这个过程。一旦油罐车完成卸油，且油量匹配后，智能合约就会更新，自动向供应商付款。然后，两个ERP系统同步更新，以关闭订单、显示供应商绩效，并记录财务状况。

在此示例中，无须创建采购订单、取货单以及现场工单，同时无须额外前往储油罐检查油量、开具发票、人工检查以及通话联系，可节约大量成本。

在整个供应链中，任何环节都可以通过配有传感器的资产，或者是人利用带有传感器的装置读取测量结果。机器将逐步接管单调、重复性的工作，并提供履行任务所需的关键数据。在业务规则可以编码为一组指令的环节，可大量配置执行这类业务的机器人。公司将拥有更少但更为重要的ERP系统，利用"云"，这些系统可与供应商互联互通。与当下相比，职能部门可减少办公人员，提高工作效率，将大部分精力投入突发情况，而不是常规工作领域。

支撑职能部门前往未来数字世界的技术包括下一代ERP解决方案、传感器和区块链技术。高度可信的自动化未来触手可及，但也有一些问题需要注意。首先，传感器的应用和推广需要时间。但不要误会，时间会很快。一些供应商正在积极迎接物联网时代的到来。其次，下一代 ERP 解决方案能够以多种模式实施，既可以保留手动、人工驱动和成本高昂的管理结构，也可以与关键业务合作伙伴实施计算机驱动的、高度信任的、高度自动化的流程，或者进行混合设计。领先企业将在充分利用传感器和区块链技术的基础上，追求最有效的自动化解决方案。同时，一些更谨慎的商业伙伴也将会慢慢适应这种状况。最后，对于财务、供应链和人力资源等数据量庞大的部门来说，其数据量将会进一步增加，但数据的准确性和及时性也会更高，月底忙碌的工作状况将有所缓解。总体来说，职能部门将会类似制造业那样进行精益化运营。

▶ 3.9 要点梳理

本章揭示了数字化转型对油气价值链的影响，以及数字技术的普遍性。数字化转型对价值链的影响主要包括：

（1）油气价值链的所有要素都有机会利用数字创新，价值链中的所有参与者在追求数字化解决方案的能力上是平等的。

（2）数字化转型将大幅提高油气供应水平，同时有助于降低成本，提高生产力。

（3）随着汽车制造供应链转向新的动力传动系统以及数字技术，交通运输业的变革将破坏燃油需求，从最初的风平浪静到后来的风云变幻。

（4）天然气零售业准入门槛低，再加上零售业变化范围更广泛，因此受到的影响最大。

（5）数字化转型会推动轻资产商业模式进一步发展，非传统竞争对手将是油气运营商面临的最大威胁。

（6）数字化转型的关键技术在油气价值链不断复现，包括云计算、人工智能、物联网。

参 考 文 献

Kevin Seals，"Ultrasound-on-a-chip supercharged with AI: The most disruptive technology in radiology？" becominghuman.ai（December 6, 2017）: https://becominghuman.ai/ultrasound-on-a-chip-supercharged-with-ai-the-most-disruptive-technology-in-radiology-b2684b0421aa.

International Energy Agency. "Digitalization and Energy 2017," IEA.org（November 5, 2017）: http: //www.iea.org/digital.

Ann Muggeridge. "Recovery Rates, Enhanced Oil Recovery and Technological Limits," The Royal Society Publishing（January 13, 2014）: https: //www.ncbi.nlm.nih.gov/pmc/articles/PMC3866386.

John Kemp. "Decline Rates Will Ensure Oil Output Falls in 2016," Reuters（September 15, 2015）: https: //www.reuters.com/article/oil-production-kemp/column-decline-rates-will-ensure-oil-output-falls-in-2016-kemp-idUSL5N11L26U20150915.

Michelle Bellefontaine. "Poor Co-ordination and Communication Hindered Battle with Fort McMurray Wildfire, Says Leaked Report," CBC News（June 8, 2017）: http: //www.cbc.ca/news/canada/edmonton/fort-mcmurray-wildfire-report-warnings-recommendations-alberta-forestry-1.4152199.

IBM. "70 Miles from Shore with Watson: Woodside Energy and IBM," YouTube.com（August 22, 2016）: https: //youtu.be/GFZ2IaTVkY8.

Globe Newswire. "GuildOne's Royalty Ledger settles first royalty contract on R3's Corda blockchain platform," globenewswirecom（February 14, 2018）: https: //globenewswire.com/news-release/2018/02/14/1348236/0/en/GuildOne-s-Royalty-Ledger-settles-first-royalty-contract-on-R3-s-Corda-blockchain-platform.html.

Shell Australia. "Using Drone Technology": https: //www.shell.com.au/about-us/projects-and-locations/qgc/environment/environmental-operations/using-drone-technology.html.

Fractracker Alliance. "Oil and Gas in the U.S.": https: //www.fractracker.org/map/national/us-oil-gas.

ServiceNow: https: //www.servicenow.com/products/application-development.html.

Synaptic AP. "End-to-End Salesforce Solutions for Field Service and Operations in Oil, Gas and Energy": https: //www.synapticap.com/industries/oil-and-gas.

IronSight: https: //ironsight.ca.

Payload: http: //payload.com.

GE: https: //www.ge.com/power.

Sun Wenyu. "China to Face Shortage of 3 Million Robot Operators by 2020," People's Daily Online（September 22, 2017）http: //en.people.cn/n3/2017/0922/c90000-9272651.html.

BP. "Statistical Review of World Energy 2017," bp.com（June 2017）: https: //www.bp.com/content/dam/bp/en/corporate/pdf/energy-economics/statistical-review-2017/bp-statistical-review-of-world-energy-2017-full-report.pdf.

Emma Graney. "Sturgeon Refinery Costs Balloon Again to $9.7 Billion," Edmonton Journal（April 10, 2018）: https: //edmontonjournal.com/news/politics/sturgeon-refinery-costs-balloon-again-to-9-7-billion.

Solomon Associates. "Solomon Benchmarking": https: //www.solomononline.com/benchmarking.

Aspentech. "Aspen HYSYS": https://www.aspentech.com/products/engineering/aspen-hysys.

Zolaikha Strong. "How Much Copper's in That Electric Vehicle?," EV World (September 5, 2017): http://evworld.com/focus.cfm?cid=370.

Andrew Liptak. "Italian Tesla Drivers Set Distance Record after Driving Model S 670 Miles on a Single Charge," The Verge (August 6, 2017): https://www.theverge.com/2017/8/6/16104628/tesla-drivers-italy-distance-record-model-s.

Exploratorium. "Drafting," Exploratorium.edu. https://www.exploratorium.edu/cycling/aerodynamics2.html.

eRoadArlanda: https://eroadarlanda.com.

International Organization of Motor Vehicle Manufacturers. "2017 Production Statistics," oica.net: http://www.oica.net/category/production-statistics/2017-statistics.

Whim. "Mobility as a Service": https://whimapp.com.

Brian Solomon. "WeFuel Joins Crowded 'Uber For Gas' Startup Fight," Forbes.com (January 26, 2016): https://www.forbes.com/sites/briansolomon/2016/01/26/wefuel-joins-crowded-uber-for-gas-startup-fight.

International Energy Agency. "Electric Vehicles: Tracking Clean Energy Progress," iea.org (July 6, 2018): http://www.iea.org/tcep/transport/evs.

Kennedy Paul. "Top 10 Car Group Manufacturers in the World in 2016 by Sales," DriveSpark.com (October 19, 2017): https://www.drivespark.com/four-wheelers/2017/top-10-car-manufacturers-in-2016-in-the-world-020233.html.

OPEC. "Monthly Oil Market Report," OPEC (November 2015): https://www.opec.org/opec_web/static_files_project/media/downloads/publications/MOMR_November_2015.pdf.

U.S. Energy Information Administration. "Frequently Asked Questions—How Many Gallons of Gasoline and Diesel Fuel Are Made from One Barrel of Oil?" EIA.gov (June 29, 2018): https://www.eia.gov/tools/faqs/faq.php?id=327&t=9.

Deloitte. "Short of Capital? Risk of Underinvestment While Oil Price Is Lower for Longer," Deloitte.com (2016): https://www2.deloitte.com/us/en/pages/energy-and-resources/articles/lower-for-longer-risk-oil-gas-underinvestment.html.

McKinsey Global Institute. "Digital America: A Tale of the Haves and the Have-Mores," McKinsey.com (December 2015): https://www.mckinsey.com/~/media/McKinsey/Industries/High%20Tech/Our%20Insights/Digital%20America%20A%20tale%20of%20the%20haves%20and%20have%20mores/MGI%20Digital%20America_Executive%20Summary_December%202015.ashx.

World Economic Forum. "Enabling Trade: Valuing Growth Opportunities" (2013): http://www3.weforum.org/docs/WEF_SCT_EnablingTrade_Report_2013.pdf.

Elizabeth Gibney. "Self-taught AI Is Best Yet at Strategy Game GO," Nature.com (October 18, 2017): https://www.nature.com/news/self-taught-ai-is-best-yet-at-strategy-game-go-1.22858.

Real Serious Games. "Forensic Animation": http://www.realseriousgames.com.

FieldBit: https://www.fieldbit.net.

RedEye Apps：https：//redeye.co.

CrunchBase. "SAP Acquisitions"（June 2018）：https：//www.crunchbase.com/organization/sap/acquisitions/acquisitions_list.

4 领导者在数字化转型中的角色

如果您正在考虑在自己的油气公司实施数字化转型，就需要做好相关的组织工作。已经努力实施或认真考虑要进行数字化转型的领导者，一定会思考如何来组织开展这项工作。也许您会很惊讶地发现，如何组织数字化转型，从根本上来说，并不取决于在价值链中的位置。您和其他同行一样，面临许多相同的困惑、障碍和挑战。

数字化转型令人困惑，非常神秘，并且诱人：它会经常变换方式，产生新的观念和解决方案。用脑电波传感器头盔来检测失眠情况已经实现；通过众包进行地质解释也已有先例；利用低空飞行的无人机来监控气井的甲烷排放也已开展先导试验；利用区块链技术实现液化天然气的自动化交易有望近期达成；利用3D打印技术在现场打印设备的更换部件已处于试验阶段。

面对如此多变的领域，如何着手组织数字化转型工作？就连对数字化转型的定义达成一致，都是我们要面临的一项挑战，何况现在的数字技术与过去的技术还存在着一些显著的差异。

本书的一位受访者曾提出，希望本书能够提供一些实施数字化转型的指导性原则。因此，本章将重点介绍促使数字化转型取得成功的基本要素：

管理——如何做出数字化转型投资决策？

规划——从哪里开始数字化转型之旅？

数据——如何将数据转化为战略武器和数字补给？

网络——是否为不可避免的网络事件做好准备？

人才——如何让员工做好迎接数字化转型的准备？

敏捷——如何改变工作实践以适应数字化新要求？

管理——如何说服您的组织追随您的愿景？

比特、字节和桶

▷ 4.1 做好管理架构工作

在组织内部，由哪个部门来驱动数字化转型工作取决于组织的规模、文化、结构（例如集中式与联合式）和成熟度。数字化转型的主管部门可以为信息技术部门或业务经营部门，也可以由这两个部门联合起来，或者专门成立一个跨职能团队来主持这项工作。

4.1.1 通过信息部门推动数字化转型

许多数字化转型工作的出发点是将其视为信息化的一种变体。公司内部的信息技术部门可能已经为那些无处不在的数字设备、智能手机和平板电脑提供了支持（这样就可以把最喜欢的个人设备带到工作中）。公司的应用程序会在移动设备上运行，用户可以像利用台式机一样，通过浏览器访问公司的信息技术服务，如电子邮件或个人数据等。并且，在某些情况下，用户可以使用企业购买的云计算服务。

大型油气公司的信息技术部门拥有许多引领数字化转型所需的关键技术。这些部门会建立解决智能手机问题的运行服务平台，管理密码和认证等网络问题，并强制或限制企业防火墙内的人员使用某些服务。例如，我以前工作的公司，出于公司数据保密的原因，禁止使用无内置加密协作的工具。信息技术部门通常非常擅长构建和维护连接各种业务数据的交换集成系统。这些部门还会建立相应的基础设施，为未来可能到来的传感器、摄像头和监视器部署浪潮提供支持。这些设备需要获得网络保护，此类保护在当下的智能手机中很常见，但在传统传感器中并不常被使用。保护措施主要包括病毒检测和清除、补丁推出、版本控制，以及对横跨数千台设备的软件进行变更管理。

所有这些情况都表明，信息技术部门比较适合管理数字化转型业务。但不应想当然地就认为，因为该部门负责企业的计算基础设施，就应该在驱动数字化转型方面发挥主导作用。企业的信息技术部门可能已经承担了巨大的工作量，许多油气公司拥有成百上千项独立的 IT 解决方案需要处理。很多信息技术部门机构臃肿、队伍庞大，复杂的技术组合所用的工作流程缺乏数字化转型所需的灵活性。

企业信息技术部门往往会强制推行自己的数字技术需求清单，这可能会成为数字化转型的障碍。想象一下企业IT买家和数字公司（DC）之间进行的下面这段对话：

IT：你们能把SAP以及我们公司使用的其他上千个系统集成在一起吗？

DC：我们提供的产品中包含了应用程序接口（API）集合，可以连接到任何云软件。

IT：我们不信任云计算，可以将你们的解决方案放在我们的数据中心吗？

DC：有可能，但需要进行大量的修改，而且没有升级的能力。

IT：你们的解决方案是否完全符合我们在20世纪90年代制定的标准？

DC：为什么要遵守之前大型机时代的相关标准？

IT：我们现场没有无线网络。这有问题吗？

DC：为什么不把你们的人员、资产和设备联网呢？

4.1.2　通过操作技术部门推动数字化转型

油气公司为经营活动投入了巨额资金，大部分有形资产和设施都属于经营活动资产，而且这些资产中的绝大多数在数字化转型兴起之前就已经存在了。运营部门在持续改进计划、资产管理解决方案和供应链改善方面进行了大量投资，以期获得更高的收益。然而，行业人士一致认为，数字化转型对油气行业带来的最大益处就在于经营活动方面。2017年国际能源署发布的有关数字化转型对能源行业影响的报告中指出，数字化转型将在以下几个关键方面影响运营绩效：

（1）能源消耗减少7%～15%。

（2）资产可用性提高30%。

（3）计划外的资产故障减少90%。

操作技术部门了解想要将数字变革引入工厂和基础设施的难度。这些设施通常全天候运行，有的技术甚至可以追溯到20世纪60年代，处理的是不允许出现任何差错的、危险的材料，往往会利用短暂的超负荷停机时间来做一些机械设备维护，并有多个班次的工人需要培训。在大多数情况下，运行绩效是根据事故率（通常的目标为零）、可靠性、可用性、设备利用率、产品合格率、能源消耗优化情况和经营成本来衡量的。这些因素决定了各公司会将经营重点放在提高运行的稳定性、加强对变更的精益管理，以及尽可能少的干扰业务运营。

大多数油气公司都会建立操作技术支持团队，团队的工作重点放在监控工厂性能的现场传感器以及监测控制和数据采集系统上。数字化转型工作可能是团队所承担工作的一部分，但是，就像企业信息技术部门一样，操作技术支持团队实际上并不特别适合这一工作。因为工厂环境通常相对封闭，与外界相隔绝或无法联网，很少涉及云计算，并且操作技术通常非常稳定，不曾经历信息技术领域中常见的定期升级周期，没有出现过网络问题。操作技术工作的驱动因素通常是工厂的流程属性，除非工厂发生变化，否则不太需要改变操作监控能力。因此，操作技术支持团队缺乏引入数字化转型的流程和程序。

4.1.3 独立的数字化转型团队

第三种方法是创建一个独立的数字化转型团队，既不隶属于企业信息技术部门，也不归操作技术部门管辖，其任务是推动数字化转型工作稳步开展。这种方法有其自身优点。独立的数字化转型团队没有那些信息技术和操作技术人员固有的思维定式，可以采用一种全新的方案，不受常规的预算、标准以及遗留业务调整的限制。对于转型速度特别缓慢的组织，或者受强大的传统企业文化影响而使得转型计划经常失败的组织，可以考虑采取这种方法。

许多数字创新活动都会遇到，那些无意间对创造力造成阻碍的传统商业实践。设想一下，一个数码公司（DC）人员与一个大型采购部门（BPD）人员进行如下对话的情景：

BPD：这是我们提出的所有需求。你们能立刻满足我们的需求，让我们直接用上吗？

DC：也许在经过概念性验证后，可以满足其中的部分要求。

BPD：您能提供一份对你们服务满意的客户名单吗？

DC：我们之前的客户对与我们合作的经历感到很满意。

BPD：你们有"产品"吗？

DC：不能算是产品，它更像是一个平台，而且是最简可行性产品。一旦我们开始合作，它可能会向完全不同的方向发展。

BPD：你们怎么收费？

DC：我们还不确定如何收取费用。这是一个双重市场的设计，不但涉及区块链叠加，还关系到基于广告的现金流。

BPD：每年的维护费用是多少？

DC：我不确定您说的维护费是什么意思。该软件很可能是免费的。

这样的团队创建出的解决方案可能会华而不实，不容易运营，或不被企业信息技术部门采用。就像一个只设计过但从未建造过房子的建筑师一样，团队可能不会真正理解商业经济业务的工作模式，或者可能最终将注意力集中在不重要或错误的问题上。数字化转型团队与现有技术团队的分离本身，可能会带来一些问题，如怨恨、嫉妒或不满足感，以及对过去的技术问题和选择感到后悔等。

4.1.4 混合型数字化转型团队

数字技术与传统的企业信息技术和操作技术差异很大。因此，转型团队应该具有商业洞察力和对业务深刻的理解力，切实把握日常操作的细微差别，拥有对现有业务系统和设备使用方面的知识，以及在特定技术和能力方面的专业知识。

未来影响力较大的方案（如使用无人机检查和监控天然气基础设施）依赖于业务、信息技术和操作技术部门的紧密合作。无人机解决方案就是一个应用操作技术的良好例子，使用时会生成有关操作条件的实时数据，但同时也依赖于商业数据系统来提供工作订单、历史记录、零部件库存和公司报表。另一个例子是，已经在油砂开发作业中深入开展的重型运输车试验，还是需要人工调度协调。

在我看来，最恰当的设计应涵盖四类人员：业务用户、信息技术人员、操作技术人员和数字技术人员。这四类人员都能就数字化转型对业务的影响提出专业的见解。实际上，他们的优势是互补的。

> 信息技术人员在网络方面比较擅长，而操作技术人员在可靠性方面做得更好，业务用户最擅长的领域是商业洞察力和如何进行最佳变革，而数字技术专家了解数字化方面的优势和局限性。

比特、字节和桶

在一些关键领域如在用户界面、以用户为中心的设计、规模效应、数字经济和数字创新等，以及有望投资的特定技术（如大数据、区块链、3D 打印、增强现实、人工智能、机器人和新商业模式），可根据实际工作需要外聘所需的数字化专家。

理想的混合型团队应该是由组织中具有发展前途的骨干组成，并且团队的业务应该由负责推动整个组织数字化转型工作的领导者管理。领导者可能既不是首席信息官，也不是首席运营官。

4.2　迈出第一步是最难的

在确定了公司级、业务单元或其他相关部门的管理架构后，下一步就是选择从哪里开始尝试进行数字化转型工作。如果尚未做出决定，则需要就对数字化转型的机遇和必要性进行探讨。然而，这常常是最让人头疼的问题。数字化转型正在多个纬度上进行，同时也影响到了行业的各个方面，这使得需要探讨的问题变得更加复杂和混乱。作为组织来讲，究竟应该在何时开始转型？应该把转型的重点放在哪呢？

我的建议是，只要开始就好。一旦开始转型，你就会发现你的公司注重的是什么。当然，并不是所有的努力都会取得成功。如果所有的工作都获得了成功，就说明您一定是做错了什么，要么未能着眼于即将到来的潜在变化的大局，要么只是专注了增量业务的改进。

每个组织都是独特的，且数字业务正在呈指数级增长。因此，没有任何一种通用解决方案能够适合所有行业的每一个参与者。然而，针对一些框架问题的探讨还是有益的，例如：您关注的是经营资产还是经营费用；是商业系统还是操作系统；是短期利益还是长期利益？

4.2.1　经营资产与经营费用

如前所述，将数字技术应用于现有（棕地）资产将会获得丰厚的回报。所谓棕地油气基础设施就是已经安装和运行的设备。绿地资产是指全新的设施，或者是还在设计阶段的设施。对绿地资产进行数字化改造，会比对正在运行的棕地资产进行数字化改造成本更低，也更易行。

4　领导者在数字化转型中的角色

"我对应用数字技术毫无兴趣。我更感兴趣的是如何省开支。"

——某大型跨国上游生产商的首席信息官

棕地资产通常使用的是高压电,或需要加热、加压操作,或者使用泵等转动设备的装置。这意味着,要想对此类装置进行一些操作(包括进行数字化改造),装置必须先停止运行、冷却、排空和脱气。这种完全关停装置的情况并不常见。要完全关停一套复杂的装置,可能需要提前一年做好计划,而真正实施关停操作可能是数年之后的事了。对一套正在运行的装置进行数字化改造、测试,是不可能的,也不切合实际。

油气行业本身从事的就是棕地业务。几乎所有的产量都出自数字化产业迅猛发展前就已经存在的旧资产,设计这些资产的时候并未考虑过数字化时代的到来。根据英国石油公司的年度统计报告,2015年,全球油气行业的石油和天然气产量分别为9160万桶/日和2740亿立方英尺/日,其中大部分产量出自2014年6月油价暴跌之前设计和建造的设施。

由于油价暴跌,资本支出受到严重限制。根据多位行业分析师的核算,2015年至2018年期间,资本缺口达到数千亿美元。很少有大型、新型和现代的资产,在开始设计和建造时就考虑了数字化转型的需要。

不过,有两个领域的数字化转型速度会更快一些,一个是轻质致密油(LTO)领域,一个是蒸汽辅助重力泄油(SAGD)领域。轻质致密油指的是在低渗透页岩或低渗透砂岩中发现的低黏度或轻质石油。相对于新建海上平台这类投资,轻质致密油业务的投资资本相对较低,因此可以迅速地应用数字技术。轻质致密油井产量下降得非常快,需要持续投入新资本来维持产能。应用数字创新会非常有效,因为每一次新的投资都为数字创新提供了新的迭代机会。煤层气、浅层气田和蒸汽辅助重力泄油领域也存在类似的情况。

油气公司需要了解其独特的资本和经营成本组合状况,以便做出数字化转型投资策略。例如,那些侧重于维持棕地资产稳定生产(油砂矿、大型常规油田或海上采油资产)的上游公司,可能会调整计划,通过逐步改善经营成本结构来保值。那些注重绿地资产(如采用蒸汽辅助重力泄油技术的企业和页岩油企业)的上游公司,可能会对资本成本和经营成本进行大幅调整。对于只有下游业务的公司来说，由于数字化转型的影响将更大，面临价值损失的可能性更紧迫，因此其选择更具挑战性。

除了转变操作外，我们应该在多大程度上优先考虑降低综合管理成本（在人力资源、财务、IT和供应链等方面）。在过去10年或更长的时间里，除了具有规模经济的大型企业外，油气行业的综合管理成本（G&A）的结构几乎没有发生任何变化。油气行业目前普遍流行的商业模式——功能专业化和资产驱动，起始于20世纪90年代的大并购浪潮（埃克森和美孚公司，英国石油公司和阿莫科公司，雪佛龙公司和德士古公司）。自那时以来，除了采用全球服务中心来控制这些庞大的综合管理开支外，这种模式基本没有什么改变。

幸运的是，数字技术在综合管理领域的应用日趋成熟。由于所有行业都离不开综合管理，因此与经营活动相比，职能部门进行数字化转型的回报可能更快，风险也更低一些。在经历了10年不懈的监管改革、系统激增以及在油价达到每桶100美元的时代到来之后，在各油气公司又开始重视增长的情况下，有些公司制定了宏大且诱人的综合管理目标，至少有一家大型国际油气公司有超过10%的员工从事金融业务。

当然，如果把数字化转型的重点放在职能部门，也只能做到这一步。最终，油气公司还是要从降低经营成本，提高产量入手。但与此同时，也不能忽视降低综合管理成本。

4.2.2 商业技术与操作技术

应该优先考虑信息技术，还是操作技术的数字化转型？就像生产资产大多是棕地资产一样，各企业也拥有数以千计的遗留的信息技术系统和操作技术系统。许多系统的设计时间都早于当下的数字时代（低成本运算、无限存储、流动的人员和资产、自动化和机器人技术，以及无处不在的网络）。自从计算机发明以来，油气行业的信息技术和操作技术领域一直是处于不同的运算环境，但如今这两个领域都面临升级的压力。

总体来说，操作技术系统相对静态一些。操作技术系统用于控制和监控加压和加热设备，这些设备不间断运行，对正常运行时间有很高的要求，具有严格的安全特性、高运行可靠性和故障安全需求。此类设备系统一旦启动就很难停下来，要想进行变更只能先停止设备的运行，而设备停工又会直接影响产量和收入。在接到上游投资者的电话时，首席执行官都会无一例外地将季度产量报告作为开场白。

信息技术系统的动态性更强。这类系统变化得更频繁，会不断地打功能补丁或安全补丁。在与投资者进行电话沟通时，各公司的首席执行官很少会提及信息技术问题，除非投资者是网络攻击的受害者。

目前存在的问题是，油气行业的数字化解决方案越来越需要进一步集成信息技术系统和操作技术系统。以只有少数几家供应商能够提供的无人机技术为例，众所周知，无人机飞过正在作业的油气井时，可以测量植被、湿度、设施损坏和作业状态，以及排放情况。制订飞行计划的飞行员将需要通过信息技术系统获得资产数据、维护历史和油气井配置信息，而实际飞行作业则需要利用典型的操作技术系统，该系统可以直接向运营部门提供实时井况数据，也可以向信息技术系统自动生成作业指令，并制订油井服务轮班计划。

对于首席运营官和首席信息官来说，越来越清楚的是，随着数字技术的进步，这种信息技术系统、操作技术系统分别单独随意行事的日子屈指可数了。油气公司将需要选择是，如何在信息技术和操作技术两方面分配投资和进行升级。对于大多数公司来说，可能需要弄清楚的是，如何使他们在融合的商业模式里结合得更紧密。

4.2.3 短期与长期

鉴于油气市场存在着如此多的不确定性，如何平衡短期现金收益与长期战略目标是一件棘手的事情。一方面，如果油气价格上涨，各公司可能更想把资金用于业务增长；另一方面，如果油气价格停留在相同水平或下降，各公司将会努力地降低经营成本。

公司内部将会有些人主张采取一种观望的立场，要么等大宗商品价格出现回升，要么等技术竞赛出现明显的赢家和输家。许多油气公司的默认立场是，静候其变，让其他公司带头采取行动，然后自己再快速跟上。

然而，此时的观望并不是一个明智的选择。在可预见的未来，油气价格很可能会保持在适度水平。令人担忧的是油气行业最近节省的大部分成本来自供应链。油气公司一直在向供应商施压，但供应商所做的只是降低了产品的价格，同时减少了一些产能。如果油价上涨，供应商的价格也将随之上涨。2014年油价价格下跌后，油气行业的实际工作并没有变得更有效率。

油气公司应该对新的工作方式（包括内部工作和与供应商的合作）进行投资，以更可持续的方式降低成本。数字化解决方案可以通过自动化流程、更高的数字质量、与供应商更好地合作，以及进行更深入的分析，在降本增效方面发挥重要作用。

在市场和技术方向更加清晰之前，要想对投资组合进行适当的平衡，就需要制订一个结构化的投资计划，不但包括即时回报项目（例如过程自动化）、一些基础性投资（例如数据质量改进），还应包括自动驾驶车辆之类的递延项目。

▶ 4.3 处理令人棘手的数据

数字化转型团队的下一项优先任务是，确保有充足的高质量数据（数字化转型的核心要素之一）可用。分析是根据数据做出的，没有高质量的数据，分析很可能不准确或不合时宜。随着谷歌和亚马逊等数据密集型公司的崛起，与其他行业一样，油气行业也发现了数据资产的重要性。迄今，该行业处理数据的方式并不适合以数据量快速增长、拥有多样数据类型和新颖性分析为特征的数字世界。

4.3.1 数据问责

油气行业的数据责任既是分散的，也是共同的，这就为数字化转型带来了挑战。负责管理商业数据的最高级别管理人员通常是首席信息官，他通常要向首席财务官或负责企业服务的高级副总裁汇报工作，职责通常局限于信息技术方面的业务如企业资源计划、交易、电子邮件服务和电话等，负责数据中心和网络运行、适应技术进步，提供新的业务解决方案，以及确保网络安全。

首席运营官负责操作技术，即沿着油气价值链运营开采、加工和运输油气的基础设施。有些油气业务在更大程度上是由资产驱动，资产经理负责其资产的操作技术。勘探副总裁则对所有地质和地下技术数据进行解释的技术工具负责。

会计准则在决定油气公司如何处理数据方面发挥着重要作用，价值驱动着对数据的投资和行为。例如，数据是否免费，即"不需任何成本"？还是数据毫无价值？一个有趣的例子是地震数据，该数据通常被记做重新获取数据的成本，但不一定通过有效分析就可以产生价值。

通常，油气公司不会在资产负债表上记录数据资产的价值。数据与成本或费用更相关，因此被作为信息技术成本记在损益表上，其管理原则是将成本保持在最低限度。关于费用的项目难以吸引资本投资和人才，在油价低迷期，费用项目面临着巨大的成本压力。

这种问责制的多样性阻碍了数据的一致性管理，带来了安全隐患，并给数据分析业务造成了不必要的麻烦。此外，还阻碍了通过整合价值链中不同参与者的多种技术，而获取价值的智能数字计划。以碳排放捕集交易的区块链解决方案为例，为了正常工作，需要访问运营数据（资产、位置、产量和排放量）和商业数据（碳税率、排放部门和排放平衡）。

尽管资本市场和会计准则可能不利于对数据资产进行正规化的估值，但管理者可以创建自己的内部会计指标，以促进实施正确的行动。

4.3.2 数据源

对于油气公司来说，许多有用的数据实际源于供应商（技术、资产、服务和设备）。这些供应商提供的带有传感器的设备会不断产生数据。然而，由于担心他们的传感器和设备产品被仿造，在向客户提供开放、标准化、易于访问的数据方面，供应商往往会设置结构性障碍。事实上，许多供应商的目标是销售完全集成的产品，包括紧密耦合的产品系列，来锁定客户的选择。

这些"封闭的"系统一般不会设置易于与其他系统集成的软件接口。例如，配有传感器的井下泵会产生大量有用的数据，但这些数据通常采用专有格式，而控制器缺乏智能软件来访问它。封闭的系统不利于基础设施所有者选用同类最佳组件和最前沿的技术。

下一代油气技术的采购商正在挑战盘踞业内的供应商，要求他们开放数据模型，以便更好地获取商品信息。未来的控制系统采购规范将要求这些控制系统必须是标准的、开放的、安全的且可交互操作的。数字倡议将越来越需要超越界限，包括关键供应商的数字化措施和数字化解决方案。

比特、字节和桶

"人们总觉得这些数字工具会神奇地进入他们的数据堆里，得出想要的结果。但数据是碎片化的，结构不良，格式完全不一致，人们是根据工作流程而不是数据模型来建立公司的。"

——某大型跨国石油公司的首席信息官

4.3.3　可靠性、准确性、可用性

油气行业的许多传统做法，使得该行业的数据难以被处理。首先，数据以各种不兼容的格式，存储在不同的业务或职能部门，能够选择的技术和解决方案范围狭窄。通常会在事后才想要获取数据，而不是把获取数据当作业务流程的一部分。因此，很少关心数据异常或不准确的情况。数据如果出现错误其可靠性就会下降。随着时间的推移，测量设备可能会出现偏离校准状态的情况，需要进行重新校准，这是一项重大开支。

然后，工程师们将花费大量时间和精力将这些大型数据集整合在一起，试图消除错误以提高可靠性，通过提高准确性以反映真实的操作条件。

再加上一些阻碍企业采用数字化解决方案的组织政治因素，以及在"我能做"和独立工程文化的影响下，油气数据集会肆意复制、倍增。决定使用哪个数据集就像面对一个数据叠叠乐，你可以抽出一个数据集来玩，但你永远不知道整个数据集是否会崩溃。

4.3.4　多样性和体量加速

油气行业的数据具有两个与其他行业相同的两个增长矢量——繁杂的多样性和庞大的体量。这两个矢量每年都在稳步增长，但目前随着数字化的进步而呈加速趋势。下一代数字技术会产生更多的非结构化数据（种类更多），如带有摄像头、录音机和激光雷达的自动设备。随着传感器价格下降，它们的应用范围将更加广泛，并会频繁地产生更多的数据（体量更大）。

将"大数据"和"海量数据"进行了一个重要的区分。"大数据"是指大型但结构良好的表格型数据集，虽然为数据处理带来了挑战，但这并不是因为分析困难，更多的是与规模和纯粹的处理能力有关。"海量数据"是指非结构化数据，就像文本信息、图片或音乐，尚没有固有方式能够将文本信息与图片联系起来，

以识别模式和趋势。海量数据的规模和结构特点，阻碍了对其进行的分析工作。

油气行业已经能够熟练地收集和使用大数据，甚至在处理海量数据方面也有一定能力（比如地震和地图处理）。但大多数油气公司高管都承认他们的公司不擅长利用海量数据，也不擅长通过分析这些数据来获得洞察力和改进业务。如某北美最大油气生产商积累了多年的作业数据，但使用率只有0.5%。

4.3.5 数据战略与战术

面对来源不确定，准确性和可靠性也值得怀疑，却快速大量增长的数据，但随着先进数字工具的出现，我们该从哪里开始呢？

如果数据问题本质上只是技术问题，那么各公司只需简单地购买一个修复程序或开发一个黑客程序，就可以搞定了。但是，正如之前论述的那样，想要处理数据实际面临的挑战要复杂得多，而且这些问题相互关联。各公司需要的是一种更具战略性的方式。解决数据问题必须整体谋划，这样即使一个方面发生了变化（如采用数据标准的协议），也不会与其他方面（如基于最低成本的采购政策）发生冲突。

一个良好的数据处理战略应该包括对与数据相关的关键问题的调查，对什么是"好的"数据管理的看法，以及处理数据的领导者（这些领导者可能是行业外的）。数据处理战略应包括：

（1）为数据管理设定目标，例如高可靠性、低重复率和明确的问责制。

（2）确定为实现目标在技术、标准和采购等方面所需的投资。

（3）落实拥有数据计划的组织和资源。

（4）建立一组指标来监控进度。

有了大量可用的数据之后，将堆积如山的数据精简到可分析的范围是个好办法，有助于快速找到的重要数据。

首先设计一棵价值驱动树，用它来表示价值（收入、成本和资产）以及驱动价值的因素（价格增长、数量增长或更大的产量）。这种从经济学视角来看待企业的方法有助于准确地阐明价值的创造过程，以及股东对企业估值的预期。一流的价值驱动树包括价值杠杆和机器、劳动力、能源、碳和水等投入之间的权衡。

一旦明确了价值的驱动因素，就可以对驱动价值所需的数据进行价值评估。根据数据的价值，管理者可以合理地分配资本和人才。在数据的使用过程中，支持价值驱动的现有数据集将脱颖而出。

根据我的经验，油气公司并不缺乏分析工具。事实上，供选择的工具可能有些过多，而这并不总是一件好事。因为，通过一个工具构建的智能模型可能无法在另一个工具中使用。应考虑将工具放到一个工具库中，通过使用群众的力量识别出那些更有价值的工具。

另一个可以节省时间的关键方法是让数据资产更易于访问。可将数据集及其描述性数据（或元数据）打包存储在一个可访问的地方，而不是将它们隐藏在服务器驱动器、部门系统或 ERP 系统内部。元数据是关键，因为它可以支持搜索、过滤、建立数据集之间的关系、标记图表和提供参考。若你的组织能够就要遵循的标准达成一致，那么要及时地让新数据符合这个统一的数据标准。

行业领导者正在尝试创建数据湖。数据湖是所有原始格式数据资产单一的、在线的、可搜索的存储库。数据湖是数据库和数据集的数据库，既包括源数据、原始数据格式，也包括更正式的电子表格等。一流的数据湖包括搜索所使用数据的导航图，用元数据来描述所有列及其含义；拥有大量可用的分析工具和可视化工具；是一种搜索内容的方式；是他人共享的有用模板；带有"喜欢"按钮，以便让最好的数据和工具显示出来，供他人使用。

连接不同业务部门的数据集，可带来无穷无尽的分析可能性。例如，某公司从本公司卡车和供应商的卡车上获取了在往返气井期间产生所有的 GPS 数据，并将其叠加在公司的生产、收入和成本视图上。他们发现，维修井的高成本是源于工程师往返气井之间所产生的费用。之所以要不停地往返，是由于总部获得的气井信息质量很差，工程师们不能依靠这些信息做出有效的决策，不得不亲自去现场获取相关信息。

在另一个应用案例中，一名操作员将健康和安全事故数据整合到人力资源数据中后发现，利用作业人员的平均年龄和轮班作业的时长，可以对事故的发生进行预测，作业人员的平均年龄越大，他们在长期轮班作业末期发生事故的可能性越大。在进行第二次模拟拟合时，一名操作员发现，较长的季节性假期之后，事故率会达到顶峰。放假期间，某些员工回家后，整天进行庆祝和狂欢，再加上夜晚休息时间很短、睡眠有限，筋疲力尽的员工返岗后的事故率极高。

最后，从某种程度上讲，油气储量和油气藏的数据才是真正的价值驱动因素。就像资本市场重视以数据为中心和轻资产的商业模式一样，数据公司也在关注建立整个油气行业的数据存储库，并将人工智能工具应用于数据分析的潜力。有些油气公司是最大的云计算客户，他们认识到数据的价值在于如何将价值链中其他参与者的不同数据整合到公司内部。

▶ 4.4 应对网络风险

既然已经掌握了海量的数据资产，那么是时候检查你的网络安全情况了，其中包括能否阻止网络攻击和保护数据，能否同时跟上监管变化的步伐，以及能否制订好应对网络攻击的计划。当检测到被攻击时，你的组织是否知道应该找谁？是否已制订适当的保护措施来控制损失？什么时候通知投资方？

4.4.1 数据与网络安全

几乎每周都有关于网络攻击的不祥新闻。雅虎约有30亿条用户名、电子邮件地址和密码被盗，Equifax 有1.5亿条客户的财务记录被泄露，甚至连现代数字公司优步（Uber）也遭到了攻击，约有5700万条客户的记录被窃取。像 WannaCry（勒索病毒软件）这样的计算机病毒已经袭击了世界各地的许多公司。WannaCry 是一段代码，它威胁要删除关键数据，除非向一个无法追踪的账户支付比特币赎金。就连比特币和以太坊等数字货币的持有者也会遭到黑客攻击，使其数字钱包被掏空。

这些报道大多涉及个人数据（如个人电子邮件地址和密码）的失窃。黑客喜欢把大公司作为攻击目标，因为窃取一条电子邮件地址与窃取1.5亿条电子邮件地址的工作量相同。黑客喜欢个人数据，因为这些数据非常容易出售和利用。例如，在 Equifax 黑客事件中，从该公司的数据库中窃取了足够多的个人数据，不法分子能够以真实人物的名义开设虚假银行账户，进行虚假贷款，并授权进行盗窃。

油气行业很少有公司会吸引那些对窃取个人数据感兴趣的黑客。在许多国家，拥有数百万客户的大型油气零售商屈指可数。在某些情况下，黑客会通过第三方的忠诚计划（即利用加油卡或充值卡在加油泵上进行身份识别）来获取个人信息，据此跟踪购买情况。

这些大公司的董事会已经向下游公司的副总裁和首席信息官提出要求，让他们能够提前防范普通的黑客攻击。这些黑客常规的攻击手段和目标包括：访问客户数据、通过勒索软件攻击提取价值、实现分布式拒绝服务（DDOS）攻击，或者重新定向计算能力以供个人使用（比如存放色情内容、挖掘比特币或攻击其他计算机）。

4.4.2　基础设施的漏洞

油气行业网络活动的更大威胁确存在于基础设施之中。

如今，几乎每口正在生产的油气井的传感器和执行器都与数据采集与监控系统相连。这些传感器实时收集井内的数据，即毫秒级采集数据（压力、温度或速度），并将其发送到控制系统，由该系统来决定要执行哪些操作，如打开或关闭阀门。传感器传输的数据将以图形或作为一个指标的形式，显示在某个控制室的屏幕上。由于油气井分布范围广阔，传感器和系统也分散在各处，后来引进了边缘计算技术，指的是这些具有一定计算能力的远程设备系统。

边缘计算系统如何实现相互连接，是一个非常重要的问题。从一个由数据采集与监控（SCADA）系统控制的油井中采出的石油，将流入一个收集系统，这个系统可能控制着许多口分别由各自 SCADA 系统控制的油井。收集系统可能与罐区或管道系统相连，而罐区或管道都有各自的监控系统。对于一家大型油气公司来说，拥有数百个独立的 SCADA 系统以管理数千口油井并不罕见。并且，多年来，这些油井一直在被买来买去。

如果黑客侵入了其中的一个传感器，他们就可以向 SCADA 系统发送错误的数据，诱骗系统打开和关闭阀门、提高温度、增加压力，或切断电源。如果系统遭到破坏，网络攻击甚至可以通过系统进行级联。这可能带来的风险包括对环境的潜在破坏、对员工和承包商可能造成的伤害、对附近居民的影响、对资产可能造成的损害，以及对股东价值的影响。

为什么不将所有设备和传感器升级为一个大规模的集成 SCADA 系统呢？改造生产设备、建立新系统，需要花费大量的资金，但却没有多少运营效益。因此，大多数运营方都会保留原有的系统。有些油井的产油量太少，升级系统根本没有经济价值。其他关键资产，如罐区，是全天候 24 小时运行的，是连续作业的一部分。因此，将罐区离线，以更换系统并同时保持资产运行，几乎是不可能的。

对黑客来说，这种处于边缘地带的基础生产设施是非常具有吸引力的目标，原因如下：

（1）这些传感器和 SCADA 系统都很老旧。其历史可以追溯到 30 年前甚至更早，远早于网络活动兴起的时代，并且这些系统也不带有识别和应对攻击的工具。

（2）这些系统由"空气间隙"进行保护，不像现代系统那样可以打补丁。在原始设计中，没有理由加入补丁功能。因为这些系统并没有通过电缆或无线网络暴露于外部世界，而且当时还没有出现病毒软件。

（3）访问这些传感器和 SCADA 系统的密码可能是硬编码，即无法进行更改。黑客可从一些在线文档中找到密码，获取密码后，就可以成功进入其中了。

显而易见的解决方案就是保持这些系统的隐蔽性。幸运的是，许多系统尚未与互联网相连接，油气公司及其供应商也没有公布哪些系统控制哪些资产。因此，要确定有意义的目标需要做大量的工作（也许需要由机器人网络软件来做这项工作）。

但随着时间的推移，遮掩逐渐成为一种不值得信任的做法。旧的 SCADA 系统中新增的现代传感器可以直接连接到互联网，从而产生新的漏洞。新的 SCADA 系统通过连接到互联网以实现新的业务模式，如建立中控室，由供应商直接监控涡轮机和泵等关键设备，并访问所有的数据。

内布拉斯加州大学（The University of Nebraska）有一名叫肯·迪克（Ken Dick）的研究员，他将一个新的假 SCADA 系统连入互联网假装它是一个新的石油资产，通过一些软件来监测在网上专门寻找此类系统的机器人软件需要花多长时间能够发现该 SCADA 系统。毫无意外，机器人只花了几分钟就找到了这个系统，并开始攻击它。将其他设备（如烤面包机和冰箱）连入互联网，也是同样的效果。

随着工业物联网的兴起，在更多的设施上安装更多的传感器，产生更多的数据，并将这些数据传输给更多的计算机，这使可能遭受攻击的面也越来越大。高

比特、字节和桶

德纳公司（Gartner）估计，2018年互联网上已经有超过110亿个传感器。

要解决这个问题，我们必须首先提高对风险的重视程度。在公司层面，需要更重视风险矩阵（油气公司列出他们认为的最大风险及其发生的可能性），更准确地认识网络问题——影响越大，发生的可能性就越大。解决网络问题可以让企业保存价值（就像避免安全问题一样），而其他大多数数字化措施都是为了创造价值（提高企业效率）。在风险矩阵更新之前，网络安全受到的关注有限。

接下来，需要对棕地资产（老旧资产）和绿地资产（新建资产）这两个领域的网络风险分别进行探讨。

对于棕地资产，最令人担忧的风险点是边缘设备——即野外的传感器。这些传感器数量更多，也更易受攻击。油气行业需要重新考虑传感器软件问题，对生成的数据进行加密（这将挫败拦截和破坏数据的企图），以及启用常规的设备管理功能：

（1）身份验证——此传感器是真的，还是假的？是否能够由SCADA系统识别？是否已被盗用？

（2）授权——此传感器是否允许交换数据或执行手头的任务？

遗憾的是，许多传感器在最初设计的时候，由于成本方面的约束，内存空间往往会受到限制，常常没有足够的空间来为传感器添加新软件，特别是我们在智能手机、平板电脑和台式机上使用的工业级加密软件。传感器的处理能力有限（仅适合其自身任务），处理器也没有足够的运算能力来执行加密任务。

AgilePQ提供了针对性的解决方案，通过数字镜头解决了这个问题。在不需要花大价钱彻底更换传感器的情况下，利用软件解决方案化解了内存、电力和算力方面局限性的问题，同时还可以进行可靠的加密，降低了黑客恶意入侵传感器的可能性。如果破解当今常规的加密技术就像在地球上寻找一粒沙子，那么，破解AgilePQ最先进的加密技术则像是在15个宇宙中寻找同一粒沙子一样，这几乎是不可能的。

油气行业应该改变其采购标准，使绿地资产的传感器具有工业级加密能力，支持补丁和升级，以及常规的认证和授权功能。不应该以市场约束作为借口——供应商总想在他们的解决方案中包含更多的功能，他们要意识到这些漏洞也需要解决。

4.4.3 变革势在必行

开启数字化转型之旅会让公司面临更多的网络问题。数字设备越多,意味着攻击点和潜在的漏洞也越多。对网络安全的关注现在是董事会层面的一个常见的探讨话题。媒体对网络事件的报道,使大多数高层领导相信,网络攻击已经从有可能发生变为大概率发生,所以做好应对网络事件的准备工作是现在基本的业务要求。企业需要能够识别,最好是能够预防网络安全事件的发生并做出应对预案,还要将事件的影响和补救措施告知利益相关者和监管者。一个组织如何保护自己免受网络安全事件的影响、如何应对网络安全事件,以及如何保护自身的价值,这些都需要组织能够使其完全处于可控范围之内。

对网络的担忧,很容易让我们放慢、推迟或干脆取消数字化转型。遗憾的是,将易受攻击的数字技术引入油气行业的工作已经在进行,许多技术供应商已将为其设备提供完整的互联网接入作为标准功能。

无论数字化转型的规模多大、范围多广、关注的重点是什么,都必须对数据保护方面的问题和网络安全事件发生的可能性进行风险分析,要遵守有关数据隐私的法规[如欧盟的《通用数据保护条例》(GDPR)],并建立保护自身价值的机制。

▶ 4.5 人力资源

在数字世界中,人才模式的发展已经超越了油气公司当前的水平。不仅工作实施的方式有所不同(用平板电脑代替带夹写字板,用无人机代替卡车,用非常规代替常规),从业人员所需的技能也在发生着改变。对于那些在公司工作了很长时间,但离退休还有10~15年的员工,如果能为他们提供所需的数字技能培训,而不是等待其职位被取消时将其开除,他们将会为公司创造更大的价值。

4.5.1 未来的职场

我清楚地意识到,随着数字化转型工作的推进,工作岗位正迅速发生变化。在这个日益数字化的世界里,油气行业的未来就业情况将会如何?有许多研究表明,很多工作岗位都将利用数字技术实现自动化,但还没有专门针对油气行业的相关研究。

2017年底，我参与的一项旨在了解油气行业数字自动化投资方向的研究表明，人们认为最好的投资目标：一是工作特别危险的地方（因此需要精心设计保护措施）；二是大量的日常工作方向（自动化可以更容易地取代作业人员）；三是那些开支特别巨大的工作领域（由于工作位置原因或所需技能的稀缺）。

研究表明，数字化对这三类工作的影响几乎没有什么差异，但在数字创新已经产生影响的领域，差别却非常大。大量的日常工作受到数字创新的高度关注，并且渗透程度也最深，其实例包括机器人过程自动化（RPA）在财务和会计领域的应用，以及自动重型搬运车在加拿大油砂矿中的应用。其他相关的重资产行业，如澳大利亚的铁路行业，已经开发出了全自动列车。欧洲卡车制造商正在试行自动驾驶卡车，这种卡车可以列队行驶（领头的卡车控制后面的两辆卡车）。中国已经完成了全自动动车的试验工作。

4.5.2　日常工作

将日常工作作为数字化转型目标的原因有很多：一是风险更大的工作与成本最高的工作通常需要投入更多的资金，但受到行业资金紧张的限制，使得数字投资并不是那么经济；二是一些可能会受到数字化转型影响的工作往往取决于基础设施（如电信网络）的可用性；三是将数字技术应用于日常工作会更快获利（大约可以在一年内获得回报）。投资回报的实现周期是每个行业都需要考虑的因素，但对当下的油气行业尤其重要。

我猜想，几乎所有行业都存在低价值的日常工作，这也意味着，没有哪个行业可以把数字化转型当作可被忽视的昙花一现的错觉。从亚马逊仓库里取代叉车司机和存货检验员的无人机，到取代直升机和农作物管理员的农业监控无人机，再到特斯拉的自动驾驶送货卡车，那些需要手握方向盘的工作，10年后很可能会不复存在。这些技术要达到大范围推广的临界点还需要几年的时间，不过一旦达到临界点，被行业采用的速度就会非常快。与那些紧抱翻盖手机的顽固分子不同，各企业可不会表现出这种怀旧情怀。现年55岁的卡车司机，10年之后可能还会继续开车。但是一个45岁的卡车司机几乎肯定会在退休前失业，他必须学习新的工作技能。

4.5.3 高级白领工作

数字化转型也使高级白领工作发生了改变，从根本上消除了日常的脑力工作，例如合同解读和解释、建立标准的电子表格，以及公文写作。生产会计、成本会计、法务专员和土地管理员等后勤服务人员，正在被机器人取代。我担心，一些数字创新将会更多地影响到女性员工，而油气行业本身已经存在比较明显的男女比例失调。

数字化转型将对社会造成更广泛的影响。公共部门的服务，如商业许可、纳税人身份识别和合规监管的公共部门服务，将被数字化的自助服务业务模式再造，进而实现对公共管理的重塑。

研究表明，虽然现在还不太清楚这些行业的就业情况将在何时受到影响，但毫无疑问的是，造成的影响将是剧烈和突然的。我们得出的结论是，运输和物流行业可能会最先感受到巨大的变化。

员工们也开始隐约感受到数字化转型将对他们产生影响，因在报纸上经常看到有关裁员的报道。同时，他们还会发现谷歌对搜索的影响，亚马逊对购物的影响，以及苹果对手机的影响。也会注意到，零售商会因不能足够快地适应变革而破产。他们似乎可以听到变革导火线燃烧时发出的噼啪声，但不清楚导火线是否朝向他们的方向，导火线有多长，以及爆炸的威力会有多大。因此，大多数人都没有为转型之后的未来做好充分的准备。甚至人力资源部门也不了解面临的挑战，或即将到来的就业混乱问题。我发现大多数人都喜欢渐进的改变而不是突然的变化，而数字化转型却意味着将有很多突变的出现。正如 Uber 在许多城市仍然会引发出租车行业的抗议。

政府和教育机构也在努力研判未来可能出现的情况，并制订相应的学习计划和再培训援助计划。油气行业广泛应用的 STEM（科学、技术、工程和数学）技能，似乎正在被数字技术取代。油气行业必须预见到，大部分员工对未来毫无准备，不确定如何应对变化，也不愿意欣然接受数字化转型。预计，未来将会大幅增加对工人的再培训和技能获取项目。

4.5.4 人类的独特性

如果我们熟知的所有工作都将在某种程度上受到数字化转型的影响，那么

比特、字节和桶

作业人员将会变成什么样子？换句话说，在数字化转型改变职场的过程中，人类的什么特质受到的影响最小？某些特质让我们与机器有所不同，但我想要指出的是，数字创新者可能正在用软件和芯片模仿这些特质。

（1）领导力。机器或许会降低决策的复杂程度，但人类将继续担任领导角色。这并不意味着所有领导职位都是安全的，当货运卡车不再需要人类司机驾驶时，货运卡车司机的值班长职位就会不复存在，但会以远程操作小组组长或机器人管理员的身份重新出现。有中国媒体报道称，作为工业机器人的最大买家，中国长期缺乏机器人操作员。一条装配线每隔几个小时就能生产出一个工业机器人，但训练一个机器人管理人员可能需要数月的时间。

（2）同理心。能够在各种环境下（如销售、教练、传达坏消息、对土地使用权进行谈判和处理事故等）进行情感沟通，是人类所具有的一项独特技能。未来的工作仍会重视建立关系的能力，尽管人工智能技术可能有助于在某些情况下（如呼叫中心和客户服务）增强同理心。

（3）团队合作。在较短的时间内组成拥有各种复杂技能的团队，共同解决棘手的问题，这仍然只有人类才能实现。很难想象头脑风暴和发明创造的创造性过程，会在短期内被数字技术所取代。虽然确实看到一些团队通过由机器来完成日常任务（比如研究），而提高了效率。与此同时，工厂里传统的团队合作正在消失。如果去车间参观一下你就会发现，那里的人很少，因为机器会造成危险。你可能也会注意到，为了保护人们的安全，机器经常被禁锢起来。

（4）沟通。如今，数字化解决方案正将基本的沟通方式整合在一起，但讲述引人入胜故事的能力本质上是人类的特质，因为它需要创造性的过程。像 Quill（自然语言生成器）这样的工具可以获取原始数据并编写匹配的叙述，随着时间的推移，这些工具会变得更强大。编写信息可以通过应用程序或云数字服务实现，但面对面交流信息，如开发反馈，仍然是人类独有的能力。

（5）客户洞察力。机器还不能得出关于人类动机和个人驱动力的深刻结论。各种算法的预测能力在不断提高，并将随着可用数据更多而变得更智能。但要真正理解为什么人们对相同的刺激做出不同的反应，对相同的信息做出截然不同的选择，或者在相同的环境下做出不同的行为表现，还需要人类的智慧。比如，如何分辨英雄主义或激进主义？

（6）创新和创造力。今天，在所有领域，人类都是最杰出的创新者，能够想出解决问题的新办法、发明新设备，以及进行艺术创造。机器和算法在改进人类设计方面表现出了卓越的能力，但却无法突破常规。设计用户体验、进行广告和推广以及其他创造性的任务，都需要人类来完成。

（7）感知和判断。人类能够在情况不太对时有所察觉，而且可以感知到前后不一致的信号，从而发现是骗局或者不好的行为。面部识别技术可能能够在人群中识别出一张脸，但只有人类才能看透有欺骗行为人员的微表情、微动作。同样地，计算机可以通过编程来评估一个商业案例是否有价值，但是无形的东西，比如关闭一家工厂所带来的公共关系影响，是很难通过建模计算得出，还是需要由人类来分析。

4.5.5 未来的教育

机器学习是开发人工智能的关键数字技术之一。简单地讲，就是智能机器通过重复学习来掌握技能，例如，让智能机器扫描上千张穿戴安全装备的工人照片，并将照片归为"安全工人"一类，然后就可以通过光学镜头或监控器来识别那些未正确穿戴安全设备的工人了。

近年来，油气行业通过结合各种数字技术，创造出了具有强大学习能力的智能机器。在油砂中作业的自动驾驶卡车，拥有无限的学习能力，不需要休息，而且可以通过编程永远保持工作状态，具有我们所说的高度的自我激励能力。这些智能机器是相互连通的，因此一个机器学到的经验可以立即分享给其他机器，这被称为舰队学习（fleet learning）。我们可将智能机器连接回其制造商，以使它们在技术上保持与时俱进。我们将它们安置在数据中心，并用网络防火墙保护它们。

相比之下，人类一生中有15%~20%的时间是在学校里学习别人已经知道的东西。人类要想在未来的工作中保持自己的一席之地，我们也必须采用这种特质。我们必须保持好奇心，做一个终身学习者，在整个工作环境中创造我们需要的支持条件——带薪休假、工作见习、学徒、换工作。我们需要加强自我激励来进行终身学习，因为，从本质上讲，这也是为了我们自身的利益。

4.5.6　未来的毕业生

就在几年前，石油工程师还供不应求，他们一毕业就能拿到最高的起薪。鉴于您现在的认识，高中毕业生或大学生在选择学习课程或职业道路时，您会建议他们考虑哪些因素？例如，在一个更加数字化的世界里，地质学所需的技能类型将会改变。学校需要将更多的数据科学、人工智能和开发编程方面的内容，与侏罗纪和泥盆纪的研究结合起来。这些综合性课程将为未来的成功打下基础。

我还希望看到油气公司招聘更多石油工程领域之外的新员工，比如数据科学家、机器人管理专家和用户体验开发人员等。

4.6　敏捷开发法

当我在多伦多的帝国石油公司开始职业生涯时，有人告诉我，为用户提供计算机技术的方式只有一种，即瀑布工作法。信息技术分析师使用不精确的语言和古怪的文档，通过自动化的方式，对不情愿的、困惑的用户进行询问，了解他们的需求。彻底敲定需求后，需求会被交给软件开发人员编程，而编程的过程可能需要几个月甚至几年的时间。最终，当程序员将他们的创作成果提交给惊讶的用户（或许经过这么长时间之后，用户已经变成了另外一个人）时，他们会说"这不是我想要的"或"这很好，但业务已经改变了"。用户的这种反应会开启修改软件的新一轮长期工作，但用户也不会将该软件完全弃之不用，最终会使合同执行困难，甚至引发诉讼。每隔几个月，就会有媒体报道，某价值一亿美元的软件项目没有获得成功，导致合同双方相互指责乃至引发诉讼。

瀑布工作法确实适用于过去的技术。向编码人员提供详细的规范是有意义的，这样可以确定工作范围，从而将对业务中稀缺部分的需求降到最低。从理论上来讲，固定的范围将提高成本的准确性和进度的可靠性，前提是分析师能够准确获取用户需求。软件开发人员的收入很高，且在人才市场上供不应求。硬件通常是带有哑终端的大型机，容量有限，价格昂贵且速度缓慢。网络和磁盘存储同样昂贵，而且分配也很谨慎。对于业务流程高度规范、用户工作的灵活性有限，以及业务流程很少改变的情况，瀑布工作法的实施效果相当好。

4 领导者在数字化转型中的角色

但是瀑布工作法自身也存在着风险。流程是前端加载的，定义不佳的需求会产生很多后期风险。用户通常不知道他们想要什么，因此需求可能不准确。所有的反馈都出现在最后，如果项目偏离了方向，几乎没有办法可以进行修正。总之，瀑布工作法不太适合那些用户缺乏自动化方面经验的项目。

在油气等资产高度密集型行业，可以利用瀑布开发流程对天然气处理厂和油井等加工资产进行设计和建造。尽管油气行业把其称作门禁管理（stage gate），但理念和方法是一样的。用户需求在 FEED（前端工程和设计）之前被敲定，然后在正式构建与实施之前进行完善。门禁管理与瀑布工作法的不同之处在于，门禁管理获取工程需求的协议要成熟得多。例如，像钢铁这样的产品有标准，资产的性能特征（重量、产量和能源消耗）都有良好的文档记录。由于不同的工程学科都有各自的标准和文档风格，这就导致了行业所谓的"接口问题"。例如，电气面板需要连接到物理设备上，这就需要在电气团队和硬件结构团队之间创建"接口"。油气行业的管理者们当然有理由质疑，为什么在工程领域相当有效的瀑布工作法，在数字技术领域却不那么有效。

将瀑布工作法与敏捷开发法做一个对比。敏捷开发法是针对当前时代运算、网络和数据存储成本极低的特征设计的，它确定了交付某些功能的时间，从而获得了更多定向反馈的机会。敏捷开发法由分析人员、用户和软件开发人员协同合作以快速交付工作解决方案，在此过程中可以认识到一些代码工作是不必要的，而并非仅由分析人员与用户就范围达成一致以尽量减少编码。团队会通过一次次的冲刺工作，完善他们对业务问题的理解，并且使彼此的工作更透明，而不是孤立地完成任务，为交付最小化可行产品（MVP）而努力。IT 人员和用户之间的交互方式发生了变化，用户更满意，IT 人员做出的解决方案也更好。这样会使得价值以工作功能的形式，频繁地以更小的模块进行输出，而非在完成任务之时才展现全部价值。

敏捷开发法与瀑布工作法的另一个区别在于，发布周期。新版本软件的发布频率远远高于我在帝国石油公司工作时所熟悉的 6 个月一次的模式，也不像在建天然气处理厂那样，最后一次性发布成果。程序员必须与 IT 硬件（如服务器和网络）的维护团队合作，同时分析师、用户和程序员要一起协作设计最小化可行产品（MVP）。倘若让一个每隔几周就可以为一个产品或解决方案生成多个小迭代的快速发展的敏捷团队，去努力迎合一个每六个月才能发布一个软件的缓慢发展的运营团队，这样做是毫无意义的。

据说亚马逊每年都会向市场部署17万次新软件，再看看我们智能手机软件的发布频率。这是手动操作无法实现的。敏捷开发法也适用于处理发布、进行回归测试、自动化用户测试和集成、执行实际发布，以及部署的团队。有些高管问我，为什么与数字公司相比，感觉油气公司的节奏如此之慢。这在很大程度上是因为，数字公司通过敏捷方式来推动迭代变化。

油气行业中比较成功的数字团队已经在使用敏捷开发法来交付解决方案。油气行业的用户很有可能不理解这些创新会如何改变他们的业务，与此同时，数字技术方面的专业人士也不了解油气业务，而敏捷团队却能够克服这个限制。本以为只具有瀑布工作法经验的用户会立即拒绝敏捷开发方式，但事实并非如此。用户期望有机会使用在短短几周内就能获得最小化可行产品的解决方案，而不是等待数月只是为了获得一个更完整但并不正确的解决方案。

人员方面的挑战是敏捷开发法的一个显著障碍。首席信息官们发现，敏捷团队中需要一个产品经理来对解决方案负责并做出决策。产品经理是团队的一员，必须要高度参与其中，因为这不是一份兼职的临时性工作。团队必须是多学科和跨职能的，这意味着要与其他管理者进行合作，以发现和解放团队的潜能。并不是每个人都能以敏捷开发法的方式进行工作——它要求参与者摒弃传统的工作方式，这对于长期以相同方式工作的人来说，可能是一项艰巨的任务。

为了推动在数字项目中的使用敏捷开发法，管理者们需要与来自以前项目的经验丰富的用户、分析师和产品经理一起建立新的数字化项目。管理者们在一开始会将项目规模控制得比较小（因为这样价值可以快速交付），当项目一旦展示出高价值时，就扩大项目的规模。经理们知道，仔细选择团队成员的关键所在：优秀的团队成员必须喜欢项目工作、时刻做好准备，并能够接受新的工作方法、适应不确定性工作、对同龄人有影响力、在数字转型过程中不断承担更重要的角色。最终，精英中的精英将敏捷视为一种建设企业文化的方式。行业引领者会利用敏捷开发法对项目的过程管理进行创新，使其创新的步调与技术创新保持一致，而不仅仅将敏捷开发法限制在纯粹的技术项目中。

4.7 引领变革

在过去的40年里，油气行业并没有发生太大的变化。当然，我们拥有了新技术，经历了数次并购和剥离浪潮、全球共享服务的到来，以及公司结构从集中到分散的反复转变。但目前还没有出现任何颠覆性的变化，未能像零售、娱乐和新闻媒体等消费导向型行业那样，在一定程度和影响力上颠覆资产密集型行业，也未造成同样的影响。幸运的是，油气行业才刚刚开始数字化转型。只有具备了战略眼光和思维，油气行业才能就可以乘风破浪，而不是被数字创新所颠覆。

4.7.1 变革的阻力

可能除了小型的、不稳定的、快速变化的组织外，其他各类组织都倾向于抵制变革。变革会破坏安全和有效的工作模式，并可能对产出和结果产生负面影响。一位分析师表示，所有中层管理人员的职位描述中都明确体现着扼杀创新。油气行业被认为尤其抗拒变革。事实也确实如此，一些研究表明，油气行业是最抗拒改变的大型行业之一。

> 在很大程度上，组织要为扼杀创新而自负其责。部门经理鲍勃的老板告诉他，如果达到了特定的业绩目标，将会得到奖金或晋升。鲍勃依靠他的团队来实现这些目标。苏的任务是研究和实施某种创新措施。苏的老板告诉她，如果她成功地实施了这种变革，将会获得奖金或升职。苏意识到她需要鲍勃团队的三个成员（他们是业务或技术专家），利用几周的时间来帮助她进行研究和实施工作。苏和鲍勃见面讨论相关事宜。鲍勃很同情苏，但是如果他同意让团队帮助苏完成数字创新工作，自己的工作目标将无法达到。因此，苏的请求遭到了拒绝。

油气行业的文化主要强调安全可靠、卓越运营和环境敏感性。这种文化的另一种描述就是厌恶风险。油气行业的独特之处在于，接受变化的速度非常缓慢，通常需要一些激进的机构来尝试一些不同的东西，并需要通过数年的时间来证明可行性。甚至有一个专有术语来描述这种行为——快速追随者。变革在实施和效果上必须近乎完美，并且对不确定性的容忍度很低。这种风险厌恶适用于所有变革，而不仅仅是那些真正需要进行的变革。很明显，人们更喜欢那些没什么特色，实现起来不确定性较小，且易于采用的"产物"。而数字行业则恰恰相反，其特点是快速失败、快速转向，以及快速发布。

2018年初，我与某企业家就他试图推进的一项油气解决方案进行了几个小时的讨论。经过他的一番解释，我终于理解了他想要解决的业务问题，但无论如何，我都无法理解他的解决方法。我认为有太多无法回答的问题和差距，而这造成了风险。我可能过于厌恶风险，但如果我看不到价值所在，那么我敢肯定，一个真正的客户，即一家油气公司，将很难看到商业案例。他们不喜欢第一个尝试新事物。创新必须尽可能完全消除风险。无论提议是什么，都需要在它们的应用环境中证明可行性，才能获得考虑。油气公司需要看到实施的方法，而不仅仅是它能做什么。

油气行业非常重视行业专业技术，认为这是成功的前提。卓越的专业技术意味着在设计、建造和运营这些复杂资产时要达到最高的性能、安全和质量标准。由最有经验的技术人员进行质量和风险评估，以发现可能出现的问题。当技术卓越度下降，或者关键程序没有被遵循，或者做出了考虑不周的变更时，技术人员的职业生涯就结束了。在最糟糕的情况下，会有员工的生命处于危险之中。因此，失败是不能接受的。而数字创新强调的是"好的一面"——向好的方向发展需要什么，以及开放和容忍，而不是可能出错的地方。

EPC公司某初级现场工程师的任务是考察一家公司的天然气工厂，并建立已安装设备清单。他没有使用纸质图表或带夹写字板，而是购买了一台平板电脑，并从iTunes下载了一款免费应用程序。该应用程序通常用于建立家庭资产清单，以备可能的保险赔偿之需。他将家庭资产（如立体声音响和微波炉）换成了天然气资产（如井口、火炬和分离器）。然后，他和几个资历较浅的同事一起着手建立库存清单。该团队一边拍摄资产，一边建立库存清单，在很短的时间内完成了他们的工作。由于获取的数据非常准确且完整，因此本部的团队无须再进行任何数据输入工作。与此同时，他的新方法也遇到了一些挑战，如：平板电脑无法在现场工作，初级工程师难以正确建立库存清单，免费应用程序不够强大，收集的数据格式无法被文件管理员所接受等。

油气公司的组织方式强化了这种谨慎转型的方式。公司自然而然地会将不同的技术知识按专业需求分到不同的专业组中，这会进一步促进技术的卓越性，但也强化了烟囱式和筒仓式思维。而按照资产对技术知识进行分组，有助于为资产创建更集成的解决方案。在技术领域和数字领域都出类拔萃的人就像独角兽一样罕见。

目前，人才短缺是诱发转型的一个因素。2014年油价暴跌后，由于不确定价格何时（或是否）会回到之前的高点，油气公司开始采取常规策略应对价格下跌情况。全球油气行业约有30万名专业人士被裁。鉴于这种不确定性，油气行业几乎不愿再增加员工，更不愿在以技术为中心而非核心竞争力的领域增加新投入。油气行业已经没有多少能力来探索新的解决方案，或组建团队来研究数字化转型的影响。

另外，低水平的人员流动率，特别是在棕地资产情景下，往往会创建出具有高度凝聚力的团队，但在面对变化或机遇时，也会影响灵活性和敏捷性。一位人工智能工具供应商告诉我，他们遇到的最大障碍是，如何能让一个拥有30年资产管理经验的老手先从根本上相信人工智能有能力改善绩效，更不用说使其相信可以提高10%乃至更多绩效了。

油气行业绩效的基础是对健康、安全和环保的高度重视。该行业的所有参与者，无论他们在哪个部门，都要跟踪和报告事故，提供高水平的安全培训和提高安全意识，并有安全专家在现场辅助管理。这是非常恰当的做法。为了保障安全，管理者会尽一切努力鼓励员工遵循既定的安全工作实践，提高可靠性、一致性和稳定性。然而接受变化迅速的数字技术与这种文化背道而驰。

> 在加拿大领先的综合性油气公司第三帝国石油公司工作期间，我在接受第三个年度绩效考核时，有管理人员告诉，在接下来的30多年里，我在事业上的提升机会不会超过三次，主要是因为我缺乏技术培训。由于我不是工程师，所以我不能去现场工作，无论是上游、工厂还是炼油厂或码头。不用多说，这意味着我在这个行业的职业生涯结束了……

管理者在经济表现方面设定了很高的期望值，以弥补行业管理的大量风险。与此同时，在不断上升的市场中，生产资产往往会带来非常高的回报，而高回报又会推高所有投资的最低回报率。根据股东价值理论,对于那些产生的回报低于流程去瓶颈化的事情,建设另一个零售站点或钻探另一口井所获得收益低于最低回报率的情况,都不应该进行投资。当然,这是有道理的。但这些期望会转化为非常高的创新门槛,将人工智能、区块链和其他有前景的数字化解决方案等新技术都排除在外。某大型公司透露,无论是为了改善成本或是为了增加收入,任何数字化投资的最低门槛都必须达到10亿美元或以上。按照这个标准,几乎不会得到任何数字化投资。

"数字化与人类和文化息息相关,因为它正在改变人们的工作方式及其使用的工具。"

——朱迪·费尔(Judy Fairburn)

  油气行业中的不同部门有其各自特定的绩效目标。例如,对于油气行业的上游,董事会和股东给首席执行官施加的最大压力是,要尽可能稳妥且迅速地将资产负债表上的资产(或储量)转换为现金。资产负债表上的闲置资产无法赚钱,而且由于产量递减规律,现有的生产资产每年产生的价值也会减少。这种经济压力使得钻井项目被优先置于所有其他项目之上。这些绩效指标的设置规则阻碍了可能产生高收益的举措和投资。

  变革的阻力并不仅来源于公司内部。供应链中的一些技术服务公司利用油气行业的风险厌恶特性,让这些油气公司相信专有技术(而不是开源技术)的优点,而这些技术几乎没有互联选项,即"要按我们的条件做出改变"。因此,那些来自行业外的、超出正常供应链范围的,或者需要与现有的技术进行交互的、具有创造性的数字化解决方案,很难获得关注。某大型油气公司正在委托某国防承包商为其下一套石油装置做设计,以使装置自动化系统更加开放。为军队提供武器的公司知道,军舰不能只考虑来自单一供应商的武器系统,武器系统需要不断适应新引进的技术。

4.7.2　风险1:技术主导的变革

  数字化转型面临的第一个挑战:人们倾向于将数字化转型视为目标,而不是实现目标的手段。用壳牌天然气领域高管的话来说,"人们使用技术产生的数据来实现业务流程。"数字技术并不是油气公司的主要目标，而是实现更大目标的促成因素。所谓更大目标即是安全高效地找到、开采、净化、转化和销售油气产品。数字创新必须专注于帮助油气公司实现这一目标，否则就会失败。

在将股东资金用于寻找新的油气资源和资产投资前，油气公司会进行长期且认真的思考。要考虑的因素包括：地下储层的不确定性、技术风险、商品价格波动、可用的基础设施、税收政策、特许权使用费制度、资产的生产能力、预期寿命、持续的资本需求等。所有这些因素都将影响投资分配的决定。对于这些不确定性问题，通常会建模并在资本支出阶段进行管理。这些资本投资往往远超其他类型的支出，因此会获得管理层的特别关注。

从另一方面来看，数字技术投资规模较小，且不为高管所熟悉，其影响也未被充分认识到。以我的经验来看，技术主导的商业变革并不会成为优先考虑的问题，比起其他投资来说，受到管理层的关注更少，一般会交给高管负责，也难以引起董事会的重视，在资金和人才方面获得的资源有限，也不会达到很高的标准。所有这些都表明数字技术并没有得到认真对待。

缺乏方向性、组织影响力、适当的资源，且绩效指标苛刻的、结构不良的数字化转型不会取得有意义的结果。

4.7.3 风险2：渐进式的变革

企业完全可以在集中的业务领域进行一次性数字投资，以深入了解和理解这些技术会发挥怎样的作用以及未来会怎样发展。许多油气公司会资助一系列小规模的试验和概念验证项目，以推动围栏内（或者更狭隘地说，在业务筒仓内）的业务创新。根据我的经验，大多数试验都成功地验证了单个数字技术有能力并且有望在未来使企业受益。

仅仅进行一系列的单项数字创新是不够的。在财务功能中，通过机器人流程自动化（RPA）来减少现场票证的数据获取成本，会使会计人员的数量有所减少，但现场票证手工计数的问题仍然存在。这类似于一家出租车公司发布了一款应用程序，让客户与其呼叫中心联系预订出租车。呼叫中心和支付系统仍然没有发生改变，出租车司机仍然不知道该带客户去哪里，客户的整体体验也没有发生改变。

一定比例的创新投资需要转向技术组合，这些技术组合不仅可以在功能领域发挥作用，而且还可以超越界限。此外，还应努力了解行业内的商业模式可能会受到何种干扰，特别是在以下领域。

（1）数据挖掘：将资产数据分析与数据所有权、资产本身分离开来的潜力——基于云平台的第三方地下资产众包分析。

（2）垂直整合：将业务模式扩展到当前边界之外的潜力，例如，实现石油产品到客户油箱（包括车辆）的全面库存管理。

（3）衍生品：基于高度精确的机器数据创造新金融资产的潜力——利用区块链技术记录实际的环境排放（水和空气）情况，以实际值而不是估计值进行交易。

大变革时代，机会是最大的成本。数字技术是近年来最强大、最广泛、最快的变革驱动因素之一，重塑商业实践的机会近在咫尺。许多行业都经历过惨痛的教训，即数字创新者会以令人痛苦的方式打破现状。

英特尔，一家领先的芯片设计和制造商，曾有机会为智能手机这种新设备开发芯片。但当时公司的分析结论是，智能手机不会有市场，因此错过了机会。在点对点音乐共享服务的围攻下，音乐行业决定起诉音乐共享技术而不是进行创新。该行业的盈利能力在过去10年里大幅下滑，现在占据主导地位的则是苹果和Spotify等音乐流媒体公司。曾经垄断多个城市的出租车行业不但价格高、容量有限、客户服务质量差，而且几乎没有什么技术创新，直到Uber出现才彻底摧毁了这种商业模式。

4.7.4　风险3：组织失调

另一个可能失去数字投资机会的风险是"围栏内"的组织失调。对于许多数字投资来说，要充分发挥其潜力，不在主要赞助商管理范围之内的业务职能部门也需要加入其中。

例如我在前文讲述过的澳大利亚某煤层气公司，针对现场作业的一种协作工具进行了试验，将传统的油井交付方式从离散的项目工作转变为更偏于制造业的生产过程。该项目被称为"天然气工厂"，由运营团队负责安排气井交付、与服务公司签订合同，并与土地所有者接洽。试验效果非常好，从一开始的每月交付4~5口井，到后来的每月交付30口井，也就是每天1口井，每周7天不间断作业。与所有上游公司一样，财务部门主管支出授权（AFE）流程，规定针对油气井的所有操作都需要得到董事会批准。除了董事会很少开会之外，财务程序还要求每口井至少都需要进行一周的财务审查、分析和建模。该财务部门受雇于某油气公司，他们并不认同模拟生产流程的观念，但他们没有能力也不愿改变整个流程，使之适应操作的速度和功能。

最有影响力的数字化转型会涉及整个组织，而不仅仅是它的组成部门，也不仅仅在围栏内。那些直接通过现场传感器或资产或供应商收集数据、全自动处理数据、应用机器智能协助解释、通过共享将数据转化为增量价值的创新，将创造出巨大的价值。领导者需要意识到，组织的权力结构在何时会对成功的创新造成阻碍。

4.7.5 风险4：短期思维

在整个规划周期内，保持对数字创新的经费支持需要组织的意志。在整个经济周期内，数字创新都不可能为油气行业带来最佳的边际投资收益。让我们简单核算一下，以每天生产10万桶油的生产商为例，假设油价从45美元/桶涨到50美元/桶，一年的收入就会增加1.82亿美元，且不需增加任何成本。对于大多数公司来说，在油价上涨时，最明智的经济决策是将资源转向增加产量，而这也可能意味着数字创新投资的减少。

实际上，只有在生产成本远高于回报价格（净回值为零或负）时，数字化才能成为最好的边际投资。这时供应商的成本已削减到足以引发破产的程度，资本支出只是为了维持生计，并且也已经没有任何裁员的余地了。

一般来讲，油气公司通常都有短期思维的历史，尤其在数字化转型方面，在投资周期性模式下，再加上撤资，这些公司不太可能获得太多利益。那些有才能的人很快就会发现他们付出的努力不太可能成功，于是就会顺势"躺平"。

4.7.6 促进数字化应用的策略

我将变革管理（将人员和流程变革引入企业管理文化）与管理变革（MoC）（在工厂环境中改变工业、化学或机械流程的过程）区分开来。在办公室环境中，数字化转型主要与变更管理有关，但在工厂环境中，可能会安装无线数字传感器来提供改进的数据和洞察力，数字化转型可能既包括变革管理，也包括管理变革（MoC）。

有许多优秀的顾问和可供参考的著作可以帮助制订和执行变革管理计划，并且管理变革（MoC）流程在工业环境中已经成熟，也有一些关键策略可以促进油气行业的数字化转型。

某大型综合油气公司的首席信息官修改了数字创新格言，从"快速失败"转变为"快速学习"，以改变组织文化。对于不得不应对偶发灾难性事件的行业，这种对失败的恐惧根深蒂固。

由于油气行业的高门槛往往会阻碍创新，因此需要降低数字创新的门槛，并鼓励进行一些试验，为无法分配给其他部门的数字项目预留特定的预算，为数字创新制订具体的目标，例如降低成本或提高生产率，并让管理者对交付项目负责。

油气业务的很多领域都可进行数字化转型，但在竞争差距最大的地方，接受度可能最高。在工厂中，所罗门评价被用来确定性能差距。数字化转型的重点应放在管理、改善二氧化碳和甲烷排放、改善经营成本方面。

致力于实现数字化转型的公司，应设置一个负责数字业务的行政角色，赋予他们真正的影响力，以提高数字意识、影响数字投资、解决数据问题、设计数字化转型的组织方法，在业务中嵌入数字思维，并取得转型成功。一些组织由首席数字官主管数字业务。

借鉴一下伍德赛德石油公司（Woodside）的经验，创建一个专门负责进行数字化转型试验和利用数字技术创造价值的小团队（在伍德赛德的案例中，该小组专门负责人工智能技术的应用），利用供应商和顾问的生态系统来快速构建这种能力，并为团队配备完成工作所需的工具。

尝试在一个投资组合中进行数个小型的数字化转型试验，从而找到真正有效的项目。如果由我来做这项工作，所做的试验和使用的技术将不会对现实环境中的钢筋和水泥做出任何改变，以避免触发管理流程的变更。此外，我将对这些试验设定时间范围，无须像实际工作中那样通过长时间运行来了解其影响。试验的"敏捷性"体现在其可以通过一系列的冲刺活动快速产生可衡量的结果。

4.8 销售系统的数字化解决方案

4.8.1 案例研究 9

几年前，我与一家下游油气公司进行了合作，这家公司自己也承认远落后于时代。该公司零售站的收银机非常陈旧，不得不从未尽其用的机器中寻找零件。因为设备太旧，仅仅是信用卡授权就需要整整 30 秒才能完成。并且借记卡无法使用，因为收银机的软件无法识别这类卡。

早在很久以前，该公司的一个竞争对手就推出了一项疯狂的新发明——"自助加油"，这是我们现在都认为理所当然的事情。但对我的客户来说，由于系统陈旧，自助加油是不可行的。这已经成为一个关系到生存竞争的问题，除非该公司解决这些问题，否则顾客将会继续流失。

该公司决定启动一个大项目，彻底改变客户体验，既包括销售站点内部也包括加油机操作。就当时来说，项目确定的范围还是比较大胆的：重新设计了所有的标识、颜色和商标；新增了橱柜和带扫描功能的收银机；增加了新软件。该公司提出目标是解决"自助加油"技术问题，并使该技术能用于新的收银机。

当时我们团队面临着各种各样的挑战。加油机太贵了无法更换，并且这些机器安装在混凝土地面上，我们不得不在这个限制条件下工作。幸运的是，机器上有一些可拆卸的前面板，可以将这些面板拆除，换上读卡器。一些站点的网络覆盖效果不好，需要尝试卫星连接。要处理数以百计的各种类型信用卡和借记卡。首次尝试将加油机及其新的密码键盘连接到店内的收银机系统。并且我们是在实实在在的钢筋、水泥和建筑环境中作业，无法进行反复尝试，也不可能多次访问所有的站点。

想一想让这个系统运转的所有参与者都有哪些——店内主管和柜台服务人员、开车的司机、会计团队、银行技术团队和电信服务（卫星和地面）人员。此外还有一些硬件——Gilbarco 的加油机、CRIND 的技术、泵控制器、新的收银机、调制解调器和扫描仪。

4.8.2　在会议室进行试验

为了实现自助加油功能（不是一台加油机，而是在两个国家的750个加油站，每个加油站有8台加油机），承担此项工作的团队需要确保其在各种天气条件下都绝对有效，要适用于多种语言和多种货币，并且要易于安装。需要满足客户在不经任何培训的条件下就能够使用自助加油功能。机器的反应时间需要达到亚秒级，因为没有人愿意在雨中或寒风中等待30秒，只为获得信用卡授权。

由于团队无法完全接管一家加油站点，因此解决方案的开发和测试变得非常复杂。我们利用了一间会议室，在这里，团队重现了自助加油的整个过程。房间里放置了一台可以工作的加油机，可以从喷嘴喷出燃料样品。其他设置包括收银机、扫描仪、调制解调器、卫星连接，以及测试用借记卡和信用卡。用桌子和椅子模拟了收银员、值班长、后勤办公室、银行、计算机支持、服务台和其他关键角色。

将长条形的纸展开后固定在墙壁上，用便利贴和马克笔标出可能会发生的各种过程，包括：购买产品、付费卡被盗、付费卡超限、车辆被盗、寒冷的天气、大容量的活动、网络瘫痪、交易中断、内外混合销售。纸上写下的内容包括：资本成本和预算、流程图、检查表、要解决的问题、项目计划、文件、绩效目标和措施，以及其他项目数据。从流程流上可以看出我们需要对现有系统（包括财务、人力资源和库存）进行哪些集成。随着团队工作的开展，墙上的图纸也在不断更新。最终，我们按时完成了解决方案，并在各个加油站成功实施。

在我看来，当今B2B（企业对企业）领域的数字创新者和企业家所面临的挑战是：他们往往对自己的解决方案要解决什么问题以及如何解决方面的看法过于狭隘。他们没有充分考虑正在建立的商业模式，包括如何赚钱，如何激励快速发展，以及如何使其他市场参与者参与合作。在保持专注方面，这种做法或许值得赞赏，但我担心，他们很难为油气行业带来可以接受的最小化可行产品。在前文所述的"自助加油"案例，最小化可行产品必须包含相当完整的功能，以达到最低限度的可行性，但与银行（其工作方式非常僵化严格）和其他供应商合作的情况除外。

4.8.3 做好企业间电子商务产品的开发工作

今天的数字创新者，无论是作为内部变革的推动者，还是外部解决方案的提供方，如果想要向苛刻的行业受众成功地推销其解决方案，就需要从过去的解决方案中吸取教训，交出更完整的解决方案。

（1）仅反映一种终端用户体验的数字化解决方案显得过于狭隘。想想公司中可能会受此解决方案影响的不同职能和岗位的人员，至少会包括财务主管、会计和工程服务人员。

（2）数字化解决方案必须适合某些业务环境。尽量绘制出流程，这样至少可以显示输入和输出，以及预期整合的内容（可能要整合到公司现有的某个系统）。应当考虑用例和场景，特别是最极端的情况。

（3）除非您的解决方案像人工智能算法那样，纯粹是在云环境中，否则它需要有一个硬件系统。如果是这样的话，您就需要展示它如何与那些处于领先地位的硬件集成，以及如何将该解决方案扩展到其他供应商。毫无疑问，您需要适应用户所有必要的硬件，如平板电脑、智能手机和浏览器。

（4）无论是通过创建新数据（如GPS定位数据、可视化数据、分布式账本数据或代币），还是使用聚合数据（在云环境中或通过分析），只要您的数字解决方案能够以全新的角度处理数据，就会是一个不错的选择。谁会使用这些数据？如果您的解决方案需要使用可能已经存在的数据，从哪里获取这些数据？有多种渠道，若是能够与SAP和Oracle等ERP系统进行整合，也是一个不错的选择。

（5）油气行业非常强调安全和环保意识，因此您需要能够证明您的解决方案不仅不会对人员造成伤害、不会对环境或设备造成损害，最好还能改善安全条件。您将如何回应有关黑客和其他数字漏洞等网络安全问题？

（6）企业希望了解您的解决方案在各种情景下的效果，尤其是对于将某种代币与某种估值结合在一起的区块链解决方案。想象一下这个场景：油藏中的石油被作为期货卖出，每桶都记录在区块链上，并表示为一个代币。您需要能够在模型上展示代币被创建、转让、出售、交易、交换为现金、估值和销毁的过程。是否存在一个正在解锁的双边市场？您的解决方案在各种市场容量、商品价格、货币价值和利率下表现如何？

（7）前文所述的"自助加油"案例是通过增加车流量和提高接待量来赚钱的。如何通过您的解决方案为您和您的客户赚钱？对于利用代币创造价值的区块链解决方案尤其如此。

4.9 要点梳理

对于油气行业来说，普遍面临的挑战是如何启动数字化转型。油气行业的经营活动不但庞大、复杂而且分散，且必须在经营业务的同时进行数字化转型，但最重要的是要有个开始。

本节的要点包括：

（1）许多行业都面临着数字化转型的风险和挑战。

（2）对于一个高度重视安全、安保和可靠性过程的行业来说，数字化转型是重大的变革。不管数字化转型工作由哪个团队主管，变革必须由董事会和高管驱动。

（3）开始做，远比从正确的地方开始更重要。

（4）与绿地资产相比，棕地资产适应数字化转型的速度要慢得多。

（5）数据完整性是数字化转型成功的基础。

（6）安装了传感器的现场设备所面临的网络安全风险，对油气行业构成了巨大挑战。

（7）数字技术实际上是最简单的部分，而对变化的工作对象进行管理是最困难的部分。作业人员要具备敏捷性，乐于学习，且愿意不断进行自我完善。

参 考 文 献

Smart Cap Technologies：http：//www.smartcaptech.com.
Shell Australia. "Using Drone Technology"：https：//www.shell.com.au/about-us/projects-and-locations/qgc/environment/environmental-operations/using-drone-technology.html.
VAKT, a digital ecosystem for physical post-trade processing：http：//www.vakt.com.
International Energy Agency. "Digitalization and Energy 2017," IEA.org（November 5，2017）：http：//www.iea.org/digital.
BP. "Statistical Review of World Energy 2015," BP.com（June 2015）：https：//www.bp.com/content/dam/bp-country/es_es/spain/documents/downloads/PDF/bp-statistical-review-of-

world-energy-2015-full-report.pdf.

Woodside Energy: https://www.youtube.com/user/WoodsideEnergyLtd.

Herox. "Integra Gold Rush": https://www.herox.com/IntegraGoldRush.

Woodside Energy. "3D Printing of Parts in Oil and Gas": http://www.woodside.com.au/Working-Sustainably/Technology-and- Innovation/Pages/Technology%20and%20Innovation.aspx#.W3cWed9lDmo.

Anh (Annie) Nguyen, Brooklynn Malec, Jenna Nguyen, and Ibrahim Oshodi. Robot Revolution... or Automation Adaptation? Calgary, Alberta: University of Calgary, 2018.

Suncor Energy. "Suncor Energy Implements First Commercial Fleet of Autonomous Haul Trucks in the Oil Sands," Marketwired (January 30, 2018): http://www.suncor.com/newsroom/news-releases/2173961.

Rio Tinto. "First Delivery of Iron Ore with World's Largest Robot," riotinto.com (July 13, 2018): https://www.riotinto.com/media/media-releases-237_25824.aspx.

Railway/Pro. "China to Develop Driverless High-Speed Train," (March 2, 2018): https://www.railwaypro.com/wp/china-develop-driverless-high-speed-train.

Sun Wenyu. "China to Face Shortage of 3 Million Robot Operators by 2020," People's Daily Online (September 22, 2017): http://en.people.cn/n3/2017/0922/c90000-9272651.html.

Gerrit De Vynck. "Canada to Scrap IBM Payroll Plan Gone Awry Costing C$1 Billion," Bloomberg.com (March 1, 2018): https://www.bloomberg.com/news/articles/2018-03-01/canada-to-scrap-ibm-payroll-plan-gone-awry-costing-c-1-billion.

Joe McKendrick. "Amazon Software Releases," ZDNet (March 24, 2015): https://www.zdnet.com/article/how-amazon-handles-a-new-software-deployment-every-second.

Valerie Jones. "More than 440,000 Global Oil, Gas Jobs Lost During Downturn," Rigzone (February 17, 2017): https://www.rigzone.com/news/oil_gas/a/148548/more_than_440000_global_oil_gas_jobs_lost_during_downturn.

Lockheed Martin. "Contract for Next Generation Open Process Automation System," (February 8, 2018): https://news.lockheedmartin.com/2018-02-08-lockheed-martin-awarded-contract-for-next-generation-open-process-automation-system.

5　董事会数字化转型中的角色

我喜欢用"统揽全局、放手管理"这句话来形容董事会需扮演的角色。一方面，董事会必须积极关注公司动态，但另一方面，董事会也必须懂得放手，让专业人员来管理公司。在数字化转型方面，"统揽全局、放手管理"意味着董事会需要学会洞察数字领域的发展先机，理性看待数字技术的发展方式，制定应对和利用数字化转型趋势的战略，构建有利于挖掘数字能力的创新结构，并设定相应的发展目标。本章阐述了董事会如何将数字化转型工作纳入其监管议程。

▶ 5.1　善于洞察数字领域的发展先机

董事会需要借助外力来理解和支持数字化转型战略和投资。区块链、增强现实、物联网、3D打印、机器学习、众包、社交媒体——这些都是现代发明的产物。在吸纳董事成员时，尽管董事会遴选委员会要求入选者具备相关经验，但由于数字行业存在的时间尚短，还未能培养出足够多的兼具丰富经验和董事素质的人才。许多董事会成员透露，作为一个集体，他们缺少直接从事数字化工作的一手经验。ERP和其他数字工具的推广普及是一个漫长而艰辛的过程，许多人对此仍记忆犹新，并且担心其他数字创新也将经历如此过程。

董事会将发现，在缺乏专业支撑的情况下，数字问题难以得到妥善解决。因此，一方面，董事会应要求管理层投资构建公司内部的数字专业知识。例如可以组建小型专家团队，任务是帮助公司和董事会了解并预测社会发展中的数字化转型情况。另一方面，董事会还应尝试吸纳一些具备数字专业知识的人才加入自身队伍。目前，大型油气公司已经开始引入在数字化方面拥有丰富经验的董事会新成员。退休的谷歌高管可能并不好找，而且要价不菲，但在那些成熟的科技公司

（例如，Cisco、IBM 或 Telco）里，优秀的在职高管也不少。例如在阿纳达科石油公司（Anadarko）的董事会成员中，就有一位35岁的数字初创公司首席执行官。除了董事会成员外，也可以选择设立数字化咨询委员会和董事会委员会。

如果数字产业难以攻克油气行业，那么不妨让油气公司先深入了解数字化的内涵。董事会可以拜访数字巨头。数字公司往往带有神秘色彩，而且它们的某些举措似乎意在扰乱交通运输燃料市场。但总的来说，这些公司也希望获得新的市场，也会重视了解这样一个暴利行业的机会。许多公司已经宣布了进军行业纵向市场的计划（如苹果），或者已经在油气领域进行了广泛部署（如微软），因此他们会愿意看到和听取客户意见带来的价值。

许多孵化器和加速器在不断寻找投资和参与的机会。其中一些孵化器和加速器是独立的，另外一些则隶属于高校或社区学院系统。会员通常只需缴纳适当会费（50000美元），即可了解最新发展趋势。我会对孵化器和加速器进行核查，并确认哪些企业可能正在寻找赞助机会，以换取对孵化器所培育的技术和公司的影响力。请注意，企业最适合合作的加速器可能远在千里之外，但数字创新不受地域限制。

董事会应该向全体董事提出一个问题，那就是他们为什么不主动寻求担任数字初创公司的顾问。初创公司往往缺乏商业经验——大多数初创公司都是由有想法的创始人领导的，他们需要董事会成员所能提供的各种帮助。我在自己作为顾问的社区中亲眼见证了这一点。数字初创公司需要深入了解如何向油气公司推销自身产品和服务、如何克服技术采用惯性，以及如何为他们的数字创新合理定价。

当下的大学生对所有数字化事物都不陌生，并且掌握构建原型和证明自身观点的技术诀窍。回想一下，今天的数字巨头大多都是由初出茅庐的毕业生，根据一些奇思妙想创立的。董事会应邀请当地商学院学生和校园俱乐部参加比赛，借此机会了解数字领域的前沿发展情况（以及吸引和留住下一代人才），而学生们当然也不介意吃一顿免费的午餐。

目前，在推行数字化转型方面最激进的国家是爱沙尼亚。该国新出台的一项法令规定，政府部门不得两次要求其公民提供相同的信息。为了实现这一目标，必须就构建一个统一的国家数据架构。与欧洲其他国家相比，爱沙尼亚更受虚拟公民的欢迎。董事会可以考虑在该国举行会议，与信息化工作的负责人进行会晤，以了解该国向数字化未来过渡的情况。爱沙尼亚在数字化方面的见解将从根本上挑战西方许多关于商业、治理、问责制和商业模式的正统观念。

最后，考虑到董事会在数字化方面存在的不足，公司可以开展各种形式的持续学习和意识培养计划，以帮助董事会更好地履行职责。例如，可以定期简要汇报数字领域的最新发展及其对业界的影响。当然，一年一次的汇报频率显然不够。

5.2 董事会意识不断提高

管理层和董事会中的一些怀疑论者认为："油气行业不可能真正实现数字化转型。油气行业的监管力度大、分散程度高，并且多采用 B2B 的商业模式。除非在大修期间或遭遇紧急情况，否则油气作业全年无休，不能停产。延续传统仍是最符合股东利益的做法。"我本人也在业内的各种会议和研讨会上听到过这种说法。

但现在，数字议题正逐渐被董事会所关注。这背后的原因可能是有些公司已经准备支持云计算倡议；有些公司可能遭受过勒索软件的网络攻击；有的金融服务公司董事会成员可能好奇为什么资源行业并未对数字化表现出相同程度的兴趣；又或者某些早期数字化成果可能没有达到或者远远超出预期，从而引发人们的反思。

商业模式瓦解的频率越来越高，涉及行业的范围越来越广。这是因为硅谷深谙业务活动和商业模式的配置之道，通过缩短技术采用的生命周期，从而达到迅速扩大规模的目的。它们以智能手机作为切入点，并将其与软件解决方案相结合。这些解决方案简单易用，无须培训即可轻松上手，再通过应用商店分销全球，基于云计算运行，操作方式与游戏异曲同工，因此具有一定的成瘾性，由风投机构投资开发，并通过社交网络进行推广。任何一家寻求在竞争中脱颖而出的公司都可以使用这种机制。

哪怕只是迫于市场压力，油气公司的董事会都不得不积极寻求切实可行的数字化转型应对措施。大多数（如果不是全部）上市油气公司均为其员工和管理人员制订了某种股票期权计划或股票分配计划。在我看来，要想推高股价，油气公司首先要通过讲故事的方式来告诉资本市场他们如何应对数字技术驱动油气产业变革。故事必须由董事会展开特定议题讨论为开头，因为他们才是公司投资方向的最终决定者。

5.2.1 需求破坏

董事会可以研究诸如以下问题：

（1）我们如何为化石能源需求的最终减少做准备？

（2）自动化、人工智能和 3D 打印等数字技术将如何加速需求的减少？

董事会关注化石能源潜在需求的驱动因素，以及为了管理需求的根本性变化而开展的准备工作。每桶石油中有四分之一被转化为运输用汽油燃料，化石能源燃料车长期占据汽车市场的统治地位。但现在情况有所改变，任何人都有机会选择一款性能可靠、价格实惠且更加环保的交通工具作为燃油车的替代。

董事会要注意的是，特斯拉、宝马及其他大型车企推出的这些新型车极具吸引力，它们不仅速度快、噪声小，并且普遍采用高科技。这些车辆的功能更能迎合下一代消费者对高科技的期望，即像智能手机一样方便使用。车主们只需充上几小时的电，再下载一些软件，就可以上路驰骋了。事实上，它们更像是纯粹的技术，可以遵循摩尔定律发展。眼下个人出行交通方式即将迎来变革，但油气行业尚未意识到它的重要性。汽车行业的激烈竞争将重新定义个人出行交通方式，这将导致消费者的行为发生改变，使他们更加青睐创新技术。

事实上，下一代消费者甚至可能不会将拥有汽车视为个人需求。我的孩子们认为开车纯属浪费时间，他们更愿意用这段时间刷刷视频、上网冲浪或是与好友短信聊天。与汽车相比，智能手机才是他们生活中最重要的东西。更何况线上体验会让人感觉越来越好，而驾驶汽车只会徒增烦恼，例如交通拥堵、噪声污染、停车问题和昂贵的维修保养费用。

车辆共享带来的无限可能以及围绕自动驾驶汽车的大肆炒作，引发了董事会的好奇心。业内人士就这些基本行为转变将如何转化为永久性需求转变展开了讨论。例如，研究人员通过建模来预测，在相关技术成熟的情况下，需要多少辆出租车才能满足纽约市的所有地面交通需求。结果显示，只需要几千辆出租车就足够了。而在2018年，纽约街道上就有超过14000辆有经营执照的黄色出租车、数千辆其他类型的可租用汽车（如豪华轿车），以及不计其数的各类私家车。

当然，目前全球有10亿辆汽车，内燃机汽车和轻型卡车的年产能高达约7200万辆，淘汰现有车辆需要耗时33年。我忽略了与制造业相关的学习曲线效应，但大家可以想一想，当个人出行交通方式作为一项遵循摩尔定律的技术开始加速演变时，化石能源的领先优势可能很快会消失殆尽。

董事会在全球各地召开会议时发现，早期的化石能源需求破坏者隐藏在人们的视线之外，很可能就在中国。北美可能会提高自动驾驶汽车在共享城市道路上行驶的门槛，而中国政府则有可能直接对此提出强制性要求。未来化石能源的增长将取决于中国市场需求的持续增长。

5.2.2　成本结构不断转变

董事会可以研究诸如以下问题：

（1）用水成本和排放成本的上升，以及能源投入的经济情况发生变化，对企业有何影响？

（2）如何利用物联网、机器人和区块链技术来优化业务？

董事会要求管理层就如何将企业重新定位为低成本、零碳和水平衡的能源供应商勾勒出一个框架。随着能源、排放和水资源的经济情况发生转变，企业需要调整商业模式，而数字技术恰好可以帮助其实现这一目标。

首先需要考虑的是能源成本。在从原油开采到将石油产品销售给客户的过程中，油气行业需要消耗包括柴油和天然气在内的大量能源。但随着生物燃料、风能和太阳能的兴起，再加上电池技术和智慧电网的支持，输入能源正在迅速发生变化。新能源价格的急剧下降，使其成为个人出行交通工具后起之秀的首选。总体来说，化石能源行业高度依赖自身产品，而这种产品正在逐渐演变成为一种高成本能源。在这一背景下，董事会开始重视负责能源输入的高管，以匹配供应链、人力资源和生产等传统领域的行政架构。

其次是排放成本，或温室气体（例如，二氧化碳和甲烷）成本。根据

《巴黎协定》，欧洲和亚洲（如中国、印度）将对排放量进行严格审查。各国陆续引入税收政策（碳税或总量管制与排放交易计划），为减排行动提供经济激励措施。董事会知道，油气行业是仅次于煤炭行业之后的温室气体排放大户，不但排气管和火炬烟囱会产生排放，生产设备也是温室气体排放源。许多业内人士正在推行碳税，一方面是为了实现与煤炭的公平竞争，另一方面也是为了应对温室气体问题而创造适当的经济激励措施。

发展趋势已经明确：向大气排放不可降解或无用气体的燃料将面临成本上升或是罚款的制裁，或两者兼而有之。董事会正在积极评估气候监管对油气行业的影响，尤其是企业如何测量和管理排放，而数字技术正好非常适用于此项任务。区块链、物联网和云计算将有助于实现碳排放权的跟踪和交易。

最后的成本转变与水资源的使用及水资源在国际议题中的地位提升有关。水在油气作业中发挥非常重要的作用，既可以充当压裂流体、钻井泥浆的润滑介质，也可以作为油砂沉淀池的处理环境。水不但是煤层气产业的无用副产品（可能需要进行大量脱盐和去污处理），而且也是稠油开采和地热井作业的关键原料（以蒸气的形式）。

油气行业的用水情况引起了全社会的关注和警惕。尽管有充分证据表明压裂是一种环境友好技术，但仍有一些怀疑论者坚信这项技术的使用会对地下水资源造成污染。与坠机事故的减少情况相类似，海上石油泄漏事件数已降至历史最低水平，但激进分子依然坚决反对原油运输。安全的管道输送原油方式也受到来自环境保护运动的限制。由于面临水资源保护的压力，各国政府开始限制油气开采，而这会导致这些资源处于搁置状态。

5.2.3 变革的脚步

董事会可以研究诸如以下问题：

（1）我们业务的转型速度和深度是否足以应对竞争压力？

（2）我们是否充分认识到新的数字化商业模式既是挑战，也是机遇？

董事会要求企业调整工作流程，并汇报其工作是否因外部环境发展影响而产生重大变化。其他行业已经打破了传统观念上关于业务核心以及盈利来源的束缚。数字解决方案被广泛应用于金融（网上银行应用程序）和零售（网上购物等领域。新的商业模式颠覆了原本稳定的行业（包括发电、娱乐和媒体等）。业界的担忧是，在一个存在网络安全问题的世界里，一些长期存在且根深蒂固的组织结构（如工厂运营控制体系与支持供应链、财务和人才的商业体系的长期分离）是否会变成一种负担？

油气行业历来遵循一维适应法，即用更少的资源做更多相同的事情，而不是用不同方法做不同事情。在经济低迷时期，油气行业通常会通过减少资金支持、资源投入和管理层关注的形式停止创新活动，而这不利于其未来的发展。鉴于能源、排放和水资源成本变化方面引发的热议、消费者可选择的替代能源越来越多，以及商业模式转变所带来的影响，这种战略可能不再适合油气行业。

董事会认识到，虽然油气行业非常具有创新性，但其数字化转型速度非常缓慢、涉及范围也非常狭窄。董事会想要知道，为什么有限的创新资本全被用于以更低的成本开采更多的资源，以及用于处理诸如改进水力压裂和钻井等问题。他们迫切希望看到其他创新方式能够得到重视。董事会对支持放慢转型速度的论点耳熟能详（如高危行业、监管严格等），但由于受到其他行业的影响，董事会开始质疑这是否只是一个借口。事实上，您可以想想汽车行业推进自动驾驶汽车上路试验的速度有多快。

5.2.4　社会接受度

董事会可以研究诸如以下问题：

（1）我们是否通过安全作业来维持社会接受度？

（2）我们是否为不可避免的网络风险做好了充分准备？

在年度股东大会上，各油气公司备受压力。整个行业面临着多方面的挑战——从投资者对行业可持续性和投资安全性的关切，到激进分子动辄阻挠新项目的发展，再到监管机构不断加大企业合规管理负担等。油气行业的社会接受度充其量只能算是不好也不坏。

董事会坚持认为，安全环保是底线，没有讨价还价的余地。泄漏、爆炸、火灾和死亡等事件会对整个行业造成负面影响，对涉事公司来说后果尤为严重。因此，油气公司在培训员工、保障作业设施、提高绩效，以及减少公司对环境和社会的负面影响方面花费了大量的精力和资本。

董事会敏锐地意识到网络活动带来的威胁。媒体会定期强调网络安全事件的危害，而董事会培训课程也开始深入探讨网络安全事件的发生方式，以及其对董事会、管理层和员工的影响。运营中的基础设施是油气行业的关键薄弱环节。所有连接网络的实体基础设施和公司的远程传感器、设备，都在安全围栏之外，很容易受到网络攻击。正如其他能源基础设施遭遇过的情况一样，网络犯罪分子或其木马程序终会将油气基础设施（管道、储罐、泵、阀门和供电设施）作为攻击目标并制造混乱。董事会希望看到管理层已经着手开始预测网络安全事件，并且建立起一套经过验证、准备就绪且随时可用的响应计划。

5.2.5 吸引人才

董事会可以研究诸如以下问题：

（1）我们是否正在为企业招聘并留住最优秀的人才？

（2）我们如何通过转变人才模式来吸引、雇用、激励和留住数字化劳动力？

董事会历来重视专业人才。近来，董事会还有意提高油气行业对多元化劳动力的吸引力。几十年来，油气行业从未面临人才短缺的问题，并且一直是技术领域的"人才吸铁石"。但是，最近一轮行业萧条（2014年）使得人才方面遭受的打击尤其严重——大约30万个工作岗位被淘汰，并且业内高管公开推测，其中许多工作岗位将永远消失。求职者对工作稳定性低的行业并不看好，而不幸的是，事实表明油气行业的工作很容易受到经济动荡的影响。

在经济低迷时期，市场也给员工们上了一课。一方面，他们意识到自己并非无可替代，并希望自己的未来职业生涯能得到保障；另一方面，那些接受数字化转型速度较慢的雇主也是造成企业人才外流的因素之一，毕竟，人才总是不缺机会。

油气行业需要面对招贤纳才的挑战，正如能源行业开始转型一样，年轻人才可能会认为化石能源没有未来。那些有能力帮助油气行业利用数字解决方案的人，正受到其他更具发展前景的行业的高度追捧。过去偏重地质和工程技术的奖励模式，可能无法吸引行业未来发展所需的数字技能人才。数据科学家、算法开发人员和机器人设计师可能会发现，与其他正在转型的行业相比，油气行业过于墨守成规、欠缺冒险精神。

董事会希望了解管理层正在采取哪些措施来转变其人力资源制度和模式。面对来自众多其他行业的竞争，企业将如何吸引数字技能人才？企业将如何创造合适的环境来激励数字专家？油气行业的职业阶梯为工程和技术人才提供了大量的晋升机会，但常常忽略IT人才做出的贡献。有鉴于此，油气行业将如何灵活调整其人力资源发掘和培养模式，以便新员工能够在行业中实现蓬勃发展？

5.2.6 资本配置

董事会可以研究诸如以下问题：

（1）我们是否为未来发展进行了适当投资？

（2）我们应该在数字创新方面进行多少投资？

董事会需要平衡投资组合，以满足当前需求并助推未来增长。部分公司会比其他公司投资力度更大，这是因为它们可以从中获得更多利益。例如，对于短期资本（即可以相对快速投入生产的小规模资本投资），数字化有助于推动增长。某市值1000万美元的页岩油气钻井公司，就非常适合在油井交付周期应用数字技术，并将由此积累的经验和教训运用到后续的页岩油气井。预计这类公司将是数字化转型的最大受益者。

对于长期资本而言，数字化转型意味着"生机"。资金（特别是用于购置装置和设备的资金）投入后，必须尽可能提高完好率、利用率、加工量，并确保生产出符合规范的产品。设备供应商预计，数字化将有助于大幅改善各项关键性能。而这一切的关键在于，提高设备的数字化程度，或者安装最新的数字化智能设备。

对于设备供应商来说，数字化程度正在成为决定胜负的关键因素。一些设备厂商认为数字化将为其带来竞争优势，并准备做出相应转变。在设备采购方面，一些采购团队倾向于购买数字化设备，以提高企业未来的创新能力。

现在开始着手数字化方面的投资显然能够为企业带来诸多好处。首先，企业可以趁此机会从已解除风险的数字化转型中获益。云计算就是一个很好的例子。云计算领域目前由一些大厂（亚马逊、谷歌和微软）主导，大多数新开发的软件都是围绕云计算构建的。事实上，续投资开发本地部署软件解决方案和专有数据中心，企业可能会面临搁浅其遗留软件投资的风险。

其次，企业可以趁此机会洞察未来。数字技术发展迅猛，而目前人们尚不清楚这些技术的未来方向，以及它们最终会带来什么好处。企业可以与数字技术机构（其中大多数对油气行业知之甚少）的生态系统合作，通过小规模试点和概念验证，了解数字化转型可能带来的收益。例如，汽车制造商最初并不清楚汽车行业是否能够直接从区块链解决方案中受益，但经过短暂的试验，他们开始确信这是明智之举。

再者，企业可以趁此机会培养人才、建设能力。大多数油气公司普遍缺乏将数字创新从概念落到实处的人才和能力。建设并提高企业的项目执行能力，以及培养数字的推动者，都绝非一朝一夕之功。

5.2.7 不作为的后果

董事会可以研究诸如以下问题：

（1）不作为策略是否可行？

（2）如果我们选择按兵不动，先静观数字化转型对行业的影响，会造成什么后果？

董事会通常希望了解投资的下行风险，数字化投资也不例外。当您要为股东的投资负责时，充分了解下行风险是一种谨慎的做法。就数字化转型投资而言，第一个风险是市场地位受损。市场分析师要求公司讲述它们将如何应对数字化浪潮以及正在进行哪些投资。然后，他们会对这些公司进行比较，并衡量其竞争地位（对于那些正在急于收割成果，而不是积极投资数字化未来的公司，其竞争地位将下降）。

第二个风险是企业在当前环境下的运营方式与其在数字化未来的运营方式之间的数字鸿沟不断扩大，并且跨越这一鸿沟的难度越来越高。最终，不断加剧的数字鸿沟可能引发危机。其触发事件要么是上游企业投资资金彻底枯竭，要么是中游企业生产成本严重失衡，要么是下游市场受到严重侵蚀。

第三个风险是，采用创新商业模式的竞争对手横空出世。这在其他行业已屡见不鲜，并且新的证据表明，油气行业，或者至少其中的某个部分，可能特别容易受到新入行者的威胁。

比特、字节和桶

5.2.8 未来发展

这种对话有助于加强董事会与管理层的合作，以确保未来发展，并最大限度减少价值损失。数字创新会对成本的各个方面造成不同程度的影响，因此，董事会和管理层应该思考这种不确定的未来将会如何展现。情景规划作为一项实用技术，有助于界定这些不确定因素，并为投资指明方向。在完成情景规划后，董事会应要求管理层制定数字化转型战略。该战略应充分考虑到这些未来情景、公司的经济状况、与同行的对标结果，以及公司将如何缩小业绩差距或从数字投资中获得实实在在的增长。

▶ 5.3 未来情景

在提高了数字化意识并就数字化对行业的影响进行深入探讨后，董事会应该思考数字化的未来将会是什么样子。许多公司正在推行我所说的自下而上的数字化转型。这类试点项目投资规模小、分散程度高、筹资水平低，并且各自为政，无法为实现统一的宏大愿景服务。当然，这些项目也能产生一定效果。但是，相对于坚定推行数字化转型的竞争对手而言，这些公司的转型进展缓慢，而且在新兴数字驱动商业模式突然到来时，非常容易变得不堪一击。复杂程度更高的组织采用自上而下的方式，这类方式考虑到了未来可能出现的各种情景。当然，这些情景肯定和实际情况不一样，但它们可以为企业指明方向，并且在经过一定的处理和分析后，可以帮助董事会和管理层明确方向、分清主次、分配投资。

> 商业模式的变化似乎毫无预兆，让业内许多大型企业猝不及防。例如，柯达曾密切关注数码相机的发展，但它真正的威胁却来自拍照手机；随着GPS的发展，纸质地图几乎退出历史舞台；黄页忽视了搜索引擎的发展；DVD行业光顾着担心激光光盘带来的威胁，却没想到视频流才是真正的"王炸"。

仔细思考那些看似难以阻挡的大趋势（即有足够坚实的事实基础表明趋势将会延续下去），以及无人知晓答案的重大不确定因素，有助于描绘未来情景。将这些大趋势和不确定因素绘制出来，看看它们如何为可能但不确定的未来提供借鉴。油气行业有许多发展趋势耐人寻味，但本书仅列举了以下5个我认为势不可挡的大趋势。

情景规划法实际上是由油气行业发明的。每隔三年左右，壳牌就会发布其能源市场远景报告。该报告不仅广受油气行业人士的期待，而且深受投资者、政府、供应商和监管机构的欢迎。

一是人口结构转变。鉴于亚洲人口数量增长迅速，并且逐步迈入中产阶级，该市场有望实现快速增长。亚洲消费者在油气能源消费品（汽车、工业品或化学品）方面的需求将持续增加。

二是技术进步。技术不受诸如资本、能力和组织规模等传统创新约束条件的限制，正在以惊人的速度发展。技术进步一方面能够增加油气行业的资源量，另一方面又对油气需求造成了破坏。

三是气候变化。发达经济体提出了新的碳税、燃料消费税、燃料效率目标，甚至发布了内燃机禁令。

四是交通运输方式转变。交通运输行业作为能源消费大户，也在发生变化。占据汽车和卡车市场半壁江山的六大汽车制造商，均宣布在未来5~10年内实现汽车电气化的计划。重型卡车行业和公共汽车行业，也开始着手转向发展新传动系统技术。

五是石油市场转变。北美地区很快将实现石油自给自足，这将导致石油贸易格局发生变化。数字化创新将提高页岩油气采收率，使之达到与传统油气采收率相匹配的水平，从而向市场释放更多的油气资源。另外，数字化创新还可能导致需求破坏。

5.3.1 发现关键不确定因素

尽管这些大趋势具有一定的可预测性，但世事无常。世界经济可能会继续受益于过去30年的全球化进程，也可能会因民族主义和经济保护主义抬头而衰退或停滞。政府既可以制定政策来进一步促进数字技术的应用，也可以通过禁令、监管或国有化来阻碍数字化转型的进程。主要的不确定因素包括以下两点：

一是全球经济表现。新兴经济体需要消耗更多的能源来推动经济增长，而不稳定的环境会导致能源价格上涨和供应压力。未来究竟是将重启过去15年来始终保持稳定的地缘政治环境和高歌猛进的全球化进程，还是会延续自2008年以

比特、字节和桶

来困扰欧洲大部分地区的日益加剧的对抗性的持续停滞？

二是政府的数字化政策。政府在应对数字化转型方面处于滞后状态。这一问题在一些市场上尤为明显。如比特币、优步和爱彼迎（Airbnb）试图打入市场一展拳脚，但最终却被有利于现有企业的法规和制度束缚住手脚。数据是数字化转型的命脉，但政策制定者是否会放松针对数据的限制性隐私保护和国家治理规则以实现创新？是否会放宽跨境数据规则，以便让人工智能和机器学习的创新解决方案彻底改变经济生活？新加坡、迪拜和爱沙尼亚等国家，已经接受了数字化变革，但其他国家会跟上吗？

5.3.2 绘制情景图

在象限图上用水平线表示停滞与全球化世界，垂直线表示数字技术与模拟技术，并想象上述5种不可阻挡的大趋势发挥作用的情况，就可以创造出4种未来情景（图5.1）。每一种情景都会对油气行业及其与数字产业的关系产生影响。我用过去20年间的四部电影名称来为这些象限命名。这样做一方面是因为有趣，另一方面也是因为一些电影作品，如《星球大战》或《阿凡达》，生动演绎了人们对于未来世界的大胆想象。

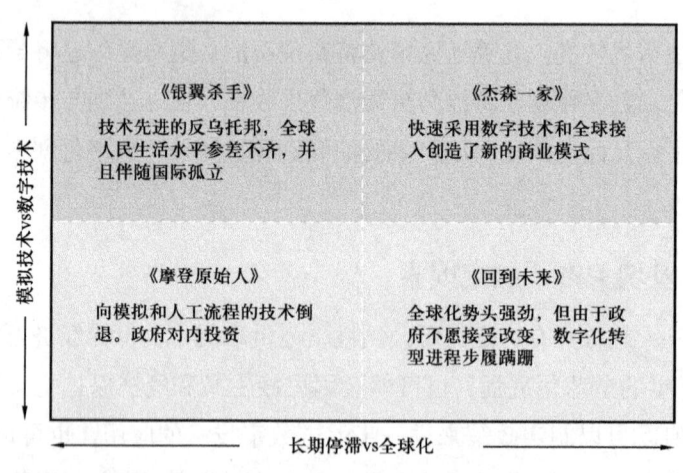

图5.1 油气行业的数字化情景示例

（1）《杰森一家》。右上象限描绘的是一个持续推进全球化的高度数字化世界。它让我想起了《杰森一家》。这部未来主义风格动画，描绘了一种无忧无虑的生活方式和一个功能强大的机器人助手。随着全球化进程的推进和数字技术被快速采用，未来能源需求将有增无减，特别在发展中经济体和新兴经济体更是如此。数字经济促进了可再生能源和电气化的发展，而这些恰好是数字增强技术的用武之地。在政府的积极推动下，全球重要经济领域抓住数字化转型机遇，迅速发生转变——出现新的商业模式，加速贸易发展，并释放需求增长。化石能源被电力能源所取代。油气行业加速应用数字技术，尤其是在页岩资源领域。这些资源当下的采收率虽然很低，但未来有望显著提高。

（2）《回到未来》。右下象限（《回到未来》）描绘的是一个全球化高歌猛进，但数字化转型却步履维艰的世界。近年来的情况与这一象限更为接近，数字化转型似乎已经陷入停滞状态。虽然各国仍致力于推动全球化增长，但政府不愿适应数字化变革，导致交通、工业和建筑等能源需求中心的数字化转型停滞不前，老牌企业成为创新的阻力。油气公司通过在内部应用数字技术来提高生产力和降低成本。在这个模拟技术世界中，企业继续沿用20世纪90年代的商业模式，化石能源需求也依然保持强劲。由于制度、税收政策和法规阻碍了数字化转型的进程，传统燃料依然保持其主导地位。随着越来越多的人开始采用西方的高能耗生活方式，气候将受到影响。

（3）《摩登原始人》。左下象限描绘的是一个全球经济紧缩、经济停滞不前的世界。将它称之为《摩登原始人》世界——技术落后、依赖人工且未实现自动化。全球经济增长缓慢更有利于化石能源等成熟能源，尤其是来自拥有大量成熟资源基础的低成本生产商（欧佩克），但不利于非常规能源（页岩油气和油砂）。由于面临税收压力、失业率不断攀升、创新资金来源不足，以及碳排放问题悬而未决，各国政府不得不暂缓数字化转型。对数字技术施加的限制加速了中国的崛起，因为该国政府系统能够发挥更强的指导作用。一些率先采用数字技术的国家，虽然看似是这场竞争的胜出者，但其实通过数字化转型提升本国就业水平才是更重要的衡量标准。

（4）《银翼杀手》。左上象限描绘的是一个数字技术高速发展但经济停滞不前的世界。全球经济增长缓慢，以及由此导致的能源需求低迷，造就了一个就业岗位稀缺、贫富差距悬殊、失业率居高不下、工资水平低位运行、税收收入持续低迷的数字化世界。在这一大背景下，政府别无选择，只能与加密货币、自动卡车运输和机器人农场合作，否则将面临在全球市场失去竞争力的风险，而财富也随之流入数字技术的发明者手中。随着数字技术大行其道，破坏需求并释放储备，化石能源的未来将充满不确定性。可再生能源的发展趋势与数字技术趋同，将继续吞噬能源市场份额。

当然，这4个情景中没有任何一个是所谓的"正确"情景。未来有许多种可能性。考虑不同的趋势，可以勾画出不同的情景。但上述大趋势并没有表现出任何减弱的迹象，因此明智的做法是先厘清不确定因素将如何发挥作用，然后再进行相应的布局。例如，燃料零售商可能希望在着手全面调整产品组合之前，先在特定市场上对新的车辆维护模式进行小规模试验，以评估客户的感兴趣程度和影响。数据服务提供商应该思考的是，如果所在国政府突然限制数据跨境流出，它们将如何发展业务。

▷ 5.4 什么是数字化战略

数字化战略是一系列强化选择，用于指导企业将数字技术整合到自身业务中。这些选择应基于以下因素做出：对企业目标的清晰认识、企业在市场上的竞争地位、公司试图解决的问题、行业及其生态系统的数字化成熟度、有待消除的竞争差距、关键流程的数字化赋能水平，以及对企业整体技术发展道路的理解（数字化工作不应脱离实际）。

例如，上游公司的数字化战略应该对其关键成功变量（储量增长快于产量增长、高效生产油气、有效利用资本以及贴近市场价销售油气）产生实质性影响，此类数字化战略将与商业战略紧密结合并为其提供支持。当然，商业战略还会受到诸如资源性质、储量位置分布、开采方法、资本可用性、风险结构和供应链能力等因素的影响，而数字化战略需要综合权衡这些因素。

对于许多以不掉队为目标的公司来说，将新技术集成到业务中，并在发展过程中提高生产率就够了。但是，董事会应警惕这样一种可能性，即他们的某位竞争对手（或者更有可能是一些意想不到的企业）正紧锣密鼓地基于数字技术开创一种颠覆性的创新商业模式。下游油气零售领域已经遭遇过这种情况，例如，送油到车模式可能导致加油站发展陷入停滞，出行即服务（Mobility as a Service，MaaS）模式可能消除人们购买私家车的社会性需求，并且可能导致零售业发展陷入停滞。

此外，公司还需要注意各种数字技术在投资回报率方面的细微差别（不仅要考虑成本，还要考虑为了实施技术耗费的时间和精力）。一些数字化创意可能快速取得回报，如为油田工人开发的智能手机应用程序，但为自主设备清理混乱数据环境这类数字创意的投资回报期则可能很长。数字化战略将帮助企业实现战略目标，使其能够就组织各领域的技术集成做出一致的、平衡的、明智的决策。

5.4.1 为何要制定数字化战略

油气行业知道自身需要加大数字化转型力度。考虑到充满不确定性的未来，企业面临许多选择，因此有必要制定一套完善的数字化战略。显然，放任数字技术自由发展，并没有对零售、媒体、娱乐、出租车或银行业起到任何帮助作用。随着新入行者的崛起，这些行业里的老牌企业多年来一直在苦苦挣扎。把开展一系列小规模实验作为一种应对数字化转型的策略，有助于企业加深对数字技术的了解，但是如果竞争对手（现有竞争者或未知入行者）正忙于构建创新商业模式，那么采用这种保守策略的企业将付出高昂代价。不幸的是，数字技术的诱惑导致许多公司认为，任何投资都会产生一定的经济意义。毕竟大多数业务流程都有稍做改进的空间。

数字技术的发展速度远超油气基础设施的建设速度，这导致数字化战略变得更加复杂。事实上，许多油气基础设施在建造之初并未考虑未来发展的需要。预测数字创新的走向可能只是徒劳之举。过去，人们很容易及时了解油气行业创新的动态（有成熟的论坛、贸易展览和出版物来分享有价值的创新）。但数字创新无处不在，这无疑增加了人们了解和跟进其重大变革的难度。

为了说明对于油气公司而言，明确数字化转型方向的挑战有多大，不妨思考一下中游运营商所面临的关于"投资无人机机队"或"利用人工智能实现作业"的两难选择。无人机可以自动监控资产并改善维护计划，这个用例已经在太阳能发电厂、海上石油资产和矿山等应用中得到证明。而人工智能解决方案则可以提前一小时为运营商提供资产性能预测，并帮助运营商做出更明智的决策。这两个选项都颇具影响力，但又截然不同。如果从财务成本的角度考虑，企业只能从中选择一个进行投资，那么企业应该如何权衡？显然，选择的"正确"与否将取决于公司如何看待未来的发展、所做选择与组织目标的一致性、两者的价值主张，以及它们的相对成本和实施难度。

数字创新还有可能在不经意间创造新用途、开辟新市场。例如，一家油气分销公司为自己的燃料业务开发了一款基于传感器和云连接的低成本燃料容量仪表，最后却发现这款创新产品受到了供应商和客户的高度追捧。于是，现在这家公司将这款产品进行销售。一家油田服务公司为自身需要开发了基于云的卡车调度系统，但在经济衰退（卡车被廉价抛售）后，该公司摇身一变成为了一家经营数字创新的企业。

一些公司很想知道现在是否是投资数字创新的好时机。当然，情景思维有利于抓住时机，但时机也并不是那么好掌握的。大宗商品价格下跌时，资本变成稀缺资源，会导致企业削减技术支出；大宗商品价格上涨时，利润率扩大，但这往往会促使企业扩大产能而不是提高技术支出。2014—2018年，油气价格的持续低迷为数字投资创造了有利条件，这是因为"低油价常态化"的魔咒使得公司无法坐等衰退结束。数字化先驱者发现，与过去的人工流程相比，这些数字技术可以通过更具成本效益的方式扩大活动规模，并达成更多目的。

这些公司还发现，利用数字技术可将产出成本比提高至历史最高水平，创造了更多的价值。换言之，即使生产能力有所提高（并且成本可能回到早期膨胀水平——这是我经常听到的一个担忧），数字技术仍有助于降低成本。

但是，这些技术确实需要大量投资方可实施，且每项技术的相对价值因企业而异。因此，对于油气公司领导来说，若希望通过有限的资本预算获得尽可能高的回报时，有必要评估哪些方面的努力最有成效以及哪些投资最明智。

5.4.2　调整当前的数字化战略

时至今日，认为数字化战略独立于商业战略的思维已经过时。正如我在整本书中所述，数字创新适用于企业的各个方面，不但适用于制造和运输等操作作业，也适用于融资和销售等商业工作。通过数字创新可以创建新的商业模式、新的资产类别和全新的行业，这意味着数字化建设本身就是某些企业的商业战略。因此，若只将数字化视为一种战略补充，就是在故意无视新兴商业模式的潜力，而坚持这种看法的公司也已经开始后悔。

遗憾的是，目前常见的几十种商业战略方法中，大部分早在数字产业兴起前就已存在。如果您正在阅读本书并且仍在油气行业工作，那么您的公司很有可能已经采用了其中一种方法，并且该方法很有可能并未明确提及数字化。改变商业战略方法将是一个痛苦的抉择——选用的方法及其结果可能受到企业财务状况影响，与资本计划息息相关，并通过个人绩效指标得到强化。如果战略规划流程无法改变，那么企业也可以选择将数字思维融入现有方法。

改变现有战略方法将有助于企业向前发展。

发掘一些潜在情景，将有助于发现影响未来发展方向的未知因素。

为所有业务单元（包括棕地资产、生产部门和后勤保障部门）的数字化转型工作设置目标并进行测试。例如，可以授权业务部门在其计划中设定一个5%的数字投资目标。

在更加严苛的情况下，设定的目标要能够反映数字化典型的指数级改进，例如，将生产力提高或成本降低40%～50%，而不是常见的5%。

重新确定整个组织的数字化知识基准线，以便战略制定者们在做规划时能够将数字化内容考虑在内。例如举办内部贸易展览和示范活动，有助于提高人们对数字化转型影响的认识。

更新企业风险登记表，将数字化变革作为风险项纳入其中。数字化转型引发的商业模式风险，应被归类为高影响和高概率风险。

向制定战略计划的团队提出要求，调查市场中潜在的商业模式威胁，以防止商业模式瓦解，并将相关意见和观点纳入规划。

整合竞争对手、客户、监管机构和主要利益相关者如何将数字化变革纳入其经营中的观点和实践。

预留部分投资，用于改善核心数字基础水平（包括数据环境、ERP和网络）。这些跨业务领域通常不会被列入各个业务单元的计划。

5.4.3 将数字化融入商业战略

如果企业认为现在是时候换一种商业战略方法，或者尚未制订商业战略方法，那么不妨考虑采用由多伦多大学教授Roger Martin开发的"战略选择级"。战略选择级应用广泛，依据充分，适用于各种不同的组织，并且不受组织规模、所在行业或地理位置的限制。虽然没有明确提及数字化，但它要求战略规划者考虑公司将如何开展竞争（这其中就涉及数字化元素），并且战略的数字化工作内容将有据可依并与商业战略保持一致。

战略选择级由 5 个不同的问题主题构成，各个问题的答案相互补充、相辅相成：

（1）贵公司的目标是什么？目标可以用财务术语、产量水平或市场定位来表达。例如，成为马塞勒斯地区领先的管道运营商。

（2）贵公司的重点竞争领域是什么？组织必须选择合适的市场、产品和服务组合来实现目标。

（3）贵公司将如何在所选市场上制胜？这可以用最低成本、最优功能、最高质量、最佳体验、最紧密关系或最好技术等术语来表达。

（4）需要具备哪些组织能力？能力包括才能储备、组织结构或特殊流程，必须实现差异化才能取胜。

（5）需要哪些强化系统和流程？可以是覆盖全公司的数据湖、新的 ERP 系统或者是经过调整的薪酬结构。

"制胜方法"与"重点领域"相互成就的战略最稳健；"重点领域"和"制胜方法"有可能实现预期目标的战略最令人满意；有适当的、独特的、起到强化作用的能力、组织制度和行动计划，来支持"重点领域"和"制胜方法"的战略最具可持续性。

5.4.3.1　案例研究 10：油公司

为了说明如何将数字思维融入商业战略，我们假设一家拥有数千口油井的油公司，深耕石油产品市场，并且拥有足够的基础设施。由于资本市场有限，融资难度增大，公司必须重视改善运营现金流。这家公司一直没有在开发新的工作方式上进行投资。这是因为前期（2010—2014 年）各大能源企业在高油价的推动下一味追求产量最大化，而后期（2014—2018 年）企业资金紧张，面临"无钱可投"的局面。公司董事会已要求管理团队加大数字化转型力度。

70% 的公司价值取决于石油储量与当前价格的乘积，30% 的价值取决于所有其他方面——资源的生产效率以及公司在替换和增加储备方面的效率。

该公司希望最大限度地提高所在油气盆地的产量，同时尽可能地缩短计划外的关井时间。该公司认为，其所处盆地条件得天独厚：一是附近有完善的基础设施；二是一些竞争对手已经放弃该处业务；三是加密钻井机会多；四是低成本电信服务已覆盖整个油气盆地。该公司在其所处盆地充分发挥创新引领者的作用，它的目标是通过尽量降低油井交付成本、尽可能减少计划外关井时间以及提高每口油井的采收率来达到制胜目的。

除了建设供应链管理能力及在油田内部作业中应用创新性低伤害钻井技术外，该公司还确定了一些有助于实现其愿景的关键数字能力。

第一项关键数字能力是加强资本执行和移交期间的数据集成能力。关于该公司上游资产的大部分数据均来自供应商，而改善资产数据管理水平可能是其在数字化领域可以做出的最有影响力的投资。这项投资带来的优势会在资产生命周期得到持续体现，并有助于支持许多其他创新措施。该企业计划在原本各自为政的资本资产和运营团队之间建立更有效、更深入的数据集成解决方案。

第二项关键数字能力是分析能力，包括数据可视化工具、预测分析、机器学习、深度学习和人工智能等技术的应用。它将有助于提高产量并将其维持在行业领先水平，协助企业精确定位加密钻井的最佳位置。借助分析能力，公司可以扩大储量规模。该公司将进行众包试验，以确定其是否能够从范围更大、程度更深的分析知识库中受益。

第三项关键数字能力是获取来自油田的高质量实时数据的能力，这将有助于维持生产并加快设备恢复生产的速度。监视和监控系统（例如，设备上的摄像头）将帮助公司节省大量差旅时间，并改善健康和安全绩效。泵和压缩机等关键生产设备上的传感器能够将数据回传至控制室，从而缩短与资产相关的问题和决策的响应时间。这些传感器数据将与分析能力结合起来使用（因为数据越多，分析效果越好）。

第四项关键数字能力是工作流协作能力。公司将利用云计算，为其供应商部署一个新的协作式工作环境。该环境能够自动执行调出任务、分配工作指令，并根据天气情况管理工作流程变更，有助于加快新油井投入使用的速度，并协助油井恢复生产。

为了管理公司的数字化相关业务，该公司将建立一个创新中心。此外，公司还将对井下泵备件的 3D 打印技术进行小规模试验，对财务机器人进行原理验证以探索矿区使用费计算实现自动化的可能性。

为了确保这一战略发挥作用，不能由两个独立团队（一个负责财务方面的工作，另一个负责运营方面的工作）分别建立和维护数字技术。需要建立一个独立的数字化职能部门，负责统筹新的投资重点、现有的运营支持和商业 IT 功能。这个新的组织将使公司能够快速敏捷地采用数字化解决方案，同时保障现有业务的可持续性。

5.4.3.2 案例研究 11：油服公司

我们假设一下，对于一家在成本和生产力方面面临压力的油服公司来说，数字化战略是什么？与油公司相比，油服公司实际上更容易受到数字创新的影响。毕竟，只要一家油服公司有所创新，就有可能在下一次采购中占据有利地位。买方甚至不必利用数字化解决方案来要求供应链进行数字创新。

与油公司一样，繁荣—萧条循环周期阻碍了供应链的创新。在经济低谷期，企业面临资金紧张、价格下滑、设备闲置、人员短缺的局面，并且没有足够的资金来进行数字创新。但是，该公司的市场调查显示，有几种新兴商业模式有望给油田服务业带来颠覆性改变。目前他们正密切跟踪这些商业模式：

（1）油田服务领域的"优步"——利用云计算、智能设备和传感器，油服公司可创建新的采购模式和协作式商业模式。

（2）基于云的设备监控——可将井下泵的运行数据实时上传至云端分析引擎，以实现跨多个运营商和供应商的预测性泵维护。

（3）集中库存——技术人员可以将单品种备件库存转换为多品种集中库存，以降低库存持有的总成本。

（4）虚拟物流——物流人员可将某个领域多个参与者的物流业务集中起来处理，以减少卡车的装载量、碳排放及驾驶事故。

（5）一体化运营——运营技术部门可以创建一家一体化服务公司，以便将油气盆地内的多项服务和物流业务集中到一起，从而降低服务成本。

在经济低迷时期，该油服公司缩减了员工人数并调低了员工的薪酬待遇。虽然服务价格下降了 20%，但采购方仍坚守价格底线。其所在地域市场的成交量也持续走低。该公司希望保住市场份额，并逐渐达到市场顶峰时的经济表现。目标是维持良好的安全绩效、通过收购进入更具吸引力的市场、在当前定价模式下提高自身利润率，以及通过提高设备利用率来增加资产回报率。该公司计划在以最高效的方式提供服务、以最开放的心态参与新商业模式的基础上，进行竞争。

为此，该公司将投资建设新的关键数字能力：

第一项关键能力是移动能力。公司所有员工都将具备移动作业能力，同时，为了提高移动能力的可见性，公司还将利用员工的智能手机来了解他们的位置。通过广播，智能手机可以帮助处理人员受伤倒地事件、开展疏散工作、捕获事件数据和避免疲劳工作。该公司将在其移动资产、设备和租赁项目上加装传感器，以实现非智能设备（无法自我诊断或报告运行状况的设备）的数字化转型。

第二项关键能力是解释传感器生成数据的能力，这需要用到边缘计算、大数据和分析等方面的智能技术。随着数据分析公司开始向客户提供纯粹的数据分析服务，新的业务可能会应运而生，而公司则面临着可用数据有限，无法了解行业全貌的风险。

第三项关键能力是改进 ERP 主干系统的能力。供应商最后一次大举采用 ERP 的浪潮出现在 21 世纪初，而这些老系统即将陆续迎来升级换代。

数据清理作为一项关键基础任务，将成为新的优先事宜。客户出于自身业务分析的需要，将对数据质量提出更高要求，因此公司将着手实施数据修复计划。服务商以书面形式向客户提供滞后的现场数据，或是使用不易与运营商数据库集成的过时系统的时代，即将结束。

这两个例子阐述的是设立数字化战略，并将其应用于商业战略的两种不同方式。数字投资组合是一个不断变化的动态组合，管理层应在不同的发展阶段采取不同的举措，并对其进行监督。企业应明确哪些投资有助于改善运营，哪些投资能够促进增长，哪些投资属于业务创新。

▶ 5.5 生态系统的作用

硅谷的科技行业之所以能够获得成功，得益于诸多因素，其中一个便是硅谷将一系列不同的经济参与者聚集在了一个相对较小的地理区域内。这种邻近性非常重要，拥有不同技能、市场前景、产品和服务的企业，通过碰撞交流增加了创新机会。随着多年来的不断发展，油气行业已经建立起一个集工程公司、环境咨询和土地测量于一体的供应商生态系统。总的来说，这个生态系统并不专注于重塑商业活动，而主要侧重于汇集必要的技能，以尽可能高效地执行现有流程（如钻井和完井）。

数字世界的生态系统则截然不同：它的重点是创建一个环境，使数字创新能够快速发展，从而专注业务问题并深化数字技术应用。数字生态系统的存在表明，尽管发明家和创始人可能有伟大的创意，但他们仍然需要获得一系列的商业投入，如技能、技术、设施、资金、建议以及将这些创意转化为商品的机遇。生态系统以结构化的方式将这些商业投入整合在一起，以提高创新的速度。

另外，生态系统也在努力提高数字初创公司的成功概率。风险投资公司知道，平均而言，一家初创公司的商业成功率仅为1%。如果一家初创公司专注于解决一个特定的已知业务问题，并得到生态系统的支持，那么它的成功概率将提高到30%。如果整个生态系统在特定问题上展开合作，那么这个成功率还将进一步提高。

生态系统围绕创新工具形成。从创意诞生到市场试验，有三种常见工具将起到助推作用：

一是实验室。充满好奇心的科学家和研究人员在实验室起草投资建议、开展科学实验，以推动科学技术发展。实验室里经常会产生发明创新，它们的创造者（科研人员）可能正在寻找机会将这些技术推向市场。一些顶级大公司也拥有自己的实验室。

二是孵化器。发明者和创始人可以利用孵化器不断开发和完善创意与解决方案，直至准备进行小规模现场试验。发明家和创始人不一定要有科研背景，他们可以是行业内的离职雇员，希望利用数字技术实现创新想法，并需要有一个场所让他们进一步完善解决方案。一些高校也设有孵化器，这些孵化器通常是容纳多家初创公司的联合办公空间。

三是加速器。加速器是帮助处于成熟阶段的创新扩大规模和加速成长的载体，通常采用联合办公模式，并且设有租赁时间限制。

为了增加创新成功的机会，矿业公司巴里克调整其生态系统的发展方向，以彻底摒弃地下人工采矿方式。一个全自动化的地下矿山将从根本上永远改变采矿业。但是，实现这一愿景所需的技术尚未问世。目前已经有用于露天采矿的自动采矿车，但还没有方法能够解决地下采矿设备的加油问题。巴里克对生态系统提出的挑战就是为了解决这个问题，而将矛头对准这一问题的生态系统也立即开始在重型设备蓄电池和快速充电等方面加速技术创新。

对于一个高性能生态系统，将有许多追求创新的部门积极参与其中。

（1）油气公司。大型企业是油气行业数字创新的主力。这些企业的积极引领（提供资金、管理层支持、释放资源、试验场所和数据访问权限），有助于生态系统瞄准亟待解决的重大问题，并帮助发明家和创始人找出最具潜力的发明和创业机会。如果没有这种需求拉动作用，生态系统中的其他参与者（主要负责提供其他必要资源）将不会迅速参与进来。

（2）银行。银行希望与初创公司建立业务联系，因为它们知道其中一些公司最终将成长为银行的大客户。它们将为初创公司提供银行服务，以帮助企业提供融资活动的建议。此外，一些银行正在努力提高自身数字化程度，并且可能具备与初创公司结合的数字化能力。如加拿大艾伯塔省的一家银行正在积极向数字银行转型，目前已具备参与区块链方面的数字化业务流程的创新能力。

（3）律师。初创公司需要获取有关所有权和股权结构、董事会组织结构、税收等方面的相关建议，在某些情况下（如区块链初创公司），初创公司可能还需征求关于首次代币发行税务处理的具体意见。此外，法律咨询也是应对瞬息万变的隐私监管环境的关键。

（4）科学家。虽然可能表现得并不那么明显，但科学洞见确实使某些数字解决方案受益匪浅，特别是在地质、石化、数学、算法设计和测量等领域。人工智能和机器人等领域的领导者，很可能是在大学实验室供职的科学家。

（5）工程师。在制造设计领域，一些数字创新可能需要依靠工程师的帮助，来达到特定标准或某些性能目标。工程师们通过提供咨询服务为生态系统做出贡献。

（6）风险投资商。没有资金，一切都是空谈。风险投资公司将大量资金集中起来，瞄准创新投资机会。初创公司可以借助多种类型的风投基金（有些风投基金的投资规模可能从10万~500万美元不等）来实现创意。通常，各油气盆地的风险投资商会通过合作分担风险。

（7）企业家。成功企业家的经验对创业公司来说非常宝贵。如果说发明家们有一个天生的弱点，那很可能就是他们将精力过多地放在研究解决方案上，以致忽略了筹集资金、招贤纳士和推销产品的重要性。但在企业家的帮助下，发明家和创始人可以专注于执行那些至关重要、决定成败的任务。

（8）高校。从提供聚会场地和实验室，到举办碰头会、正式会议和比赛，再到有针对性地培养学生的能力，以满足数字初创公司的特定业务需求，教育机构发挥着多重作用。商科学生可以提供市场研究、商业建模和财务建模等服务（通常成本很低或没有成本）；而工程专业的学生则可以对数字装置的行业标准进行研究。

（9）技术提供商。科技公司纷纷迅速推出自己的试用版商业化数字平台（包括云计算、开发工具包、区块链和增强现实等功能），以期使用其技术的数字创新能够大获成功并最终推动公司效益的增长。科技公司甚至还会运营自己的孵化器和加速器。

（10）咨询公司。发明家和创始人通常可以从互联网免费获得宝贵见解，但这些见解往往不足以解决特定问题。他们发现，为了发展的需要，他们必须按市场价寻求专业人士的帮助。作为生态系统的一部分，咨询公司有时也会为那些有发展前景的初创公司无偿提供一些非常专业的建议。

如果放任不管，数字生态系统将不会自发地瞄准油气行业的发展机遇。根据我对卡尔加里（油气重镇）生态系统的了解，在我遇到的众多数字初创公司中，只有很小一部分只专注于这个行业。只有当油气行业在数字生态系统中发挥积极的引领作用后，才会得到系统的响应。

数字技术开辟了获取分析能力的新途径，但油气行业尚未对其加以充分利用。数学和数据科学正在稳步向前发展，并为从前无解的难题提供解决方案，但由于油气行业一向依赖少数行业供应商，因此获取这种专业知识可能并不容易。

我发现，创意、实践和计算的有效期正在迅速缩短，而且好的点子来源也并不局限于油气行业的从业者。互联网的普及、知识的传播和计算成本的下降，意味着油气行业的问题可以通过众包来解决。调度和路线的优化、蒸汽管道接头的设计以及最佳钻探和资源开采位置的识别就是很好的例子。

更具创新精神的油气公司准备向 Kaggle 等全球众包平台提交他们的部分数据资产（出于保密原因，这些数据资产可能经过加密处理）。通过 Kaggle，公司可以以众包形式对其现有分析算法做出改进，如举办黑客马拉松来获得问题解决方案，并利用竞赛获取成本高昂或难以获得的分析知识。

5.6 设定数字化目标

董事会和管理层的一项重要工作内容是为其组织设定有意义的目标，以鼓舞士气和激发员工积极性。由于企业文化不同，有的董事会只负责审批管理层设定的年度业务目标，而有的董事会则会对管理层做出更具体的指导。当然，股东们将寄希望于董事会对管理层进行监管，以确保管理者们不会鼠目寸光、只顾眼前利益，而忽略了周围大环境发生的变化。

正是得益于组成生态系统的供应商、合作伙伴、运营商和顾问的共同努力，Texmark Chemicals 才能成功建立现代化运营体系。各方人才齐聚一堂，并朝着共同的目标努力，将原本分散的技能整合起来，为建设"未来炼油厂"添砖加瓦。

——Doug Smith，Texmark Chemicals, Inc. 首席执行官

但遗憾的是，这种情况非常常见，特别是在变革步伐异常缓慢的油气行业上游领域。一项创新从实验室开发到小规模试点，从试点再到在全球实现商业化，往往需要耗时数年。麦肯锡在其进行的一项各行业比较研究中预计，油气行业的创新从构思到市场渗透率达到 50% 通常需要耗费 30 年的时间，而在电信行业，这一历程仅需 5 年或者更短。

5.6.1 建立框架

成熟度模型是一款简单实用的工具，可用于评估公司在数字化能力的各个方面的成熟度，这些方面对其所在行业的细分市场至关重要，并可用于衡量在竞争中需要达到的目标。根据两者之间的差距（当前位置和期望位置），企业可以设定适当的目标，如从开展计划外的随机数字化转型试验，发展为完善的数字化战略。

制订未来数字化转型目标时必须深思熟虑，制订的目标必须具有凝聚力，并且彼此相辅相成。我喜欢用一个涵盖四部分的框架来激励董事会思考该如何制订适当的目标。

5.6.1.1 商业模式

董事会最大的担忧是，一些新的商业模式将会横空出世，在企业还未做出反应之前就已经被取而代之。别忘了，一家企业的利润可能是另一家企业眼中的"大餐"：哪部分商业模式看起来已经时机成熟，可以下手了？目前，商业模式的压力已经在零售和交通行业日益凸显，但在下列领域中，仍然潜藏着发展机遇：

（1）叠加利润很常见的建筑领域。

（2）通过云计算可以对数据进行更有效聚类的上游数据领域。

（3）通过协作可以优化服务交付的技术服务领域。

（4）可用区块链跟踪碳排放的碳管理领域。

（5）炼油和化工领域（在该领域，知识产权和价值在于是否拥有"配方"，而不一定在于是否拥有生产资产）。

（6）使用加密货币来转换资金和部分所有权的融资领域。

5.6.1.2 数字化黑马

随着数字化转型全面推进，目前尚未清楚哪些数字创新将会对油气行业产生最大影响。顺其自然、静待结果不失为一种策略，但企业还可以采取另外一种策略，那就是及时跟踪已开始的数字创新。这些数字创新包括：

（1）利用分布式计算能力的云计算技术。

（2）有助于做出更明智业务决策的人工智能、分析和机器学习技术。

（3）有助于更深入地了解资产和工作的增强现实技术。

（4）将所有机器连入网络的物联网技术。

（5）通过机器人实现常规工作自动化的自主技术。

（6）转变供应链和维护作业的3D打印技术。

（7）作为改变业务关系基础的区块链技术。

5.6.1.3 数字化基础

要使数字化转型取得全面成功，必须具备4个基础。大多数油气公司已经具备一定的基础，但它们可能仍需夯实这些基础，以支持数字化未来的实现。这些基础包括：

（1）ERP——本身正在进行数字化转型的大型主干系统。

（2）数据——数字创新的"原料"。

（3）网络安全——更多的数字传感器意味着更多有待强化的风险点。

（4）基础设施——需要打造更好的电信基础设施，以充分发挥设备和云计算的功能。

5.6.1.4　人才

不要告诉任何人，技术其实是数字化转型中相对简单的部分。迄今，最困难的其实是一些"软性"工作——吸纳人才以推动数字化转型，为数字技术采用创造有利条件，对员工进行数字化概念培训，以及奖励率先尝试的早期采用者。这一框架维度着眼于企业如何获取数字化人才。

5.6.2　发挥框架的作用

管理层要在年度业务规划过程中设定年度目标。其中包括一些常见的要素——健康和安全目标、扩张和发展开支、优化和利润率提高、收购和资产剥离、人员和人才目标、社会成果、财务承诺等。但是，与数字化有关的具体目标通常并不包含在内。

建议将上述框架添加到计划周期中，以促使管理层对数字化变革进行思考。这个框架需要在组织内自上而下进行推动，只靠一群千禧一代在总部办公室幻想区块链的新用途是行不通的。另外，该框架还必须运用到一线工作中。在理想情况下，应该是由一线工作者主动将数字技术引入业务，而不是由总部将数字技术推向一线。随着管理层将数字化目标纳入计划范畴，董事会将可以发挥其应有的作用，在计划周期中对管理层进行评审、提出质疑。

董事会应该关注那些能够表明数字化转型已经得到管理层认真对待的目标：

（1）管理层正在向组织和市场传达数字化转型对未来发展的重要性。

（2）一线员工参与其中，并且管理层向一线员工展示而非仅仅传达数字化对行业的影响。

（3）管理层正在为组织制定数字化战略。

比特、字节和桶

（4）特定的数字化变革将促成可衡量的业务改进。

（5）为关键领域的小型数字化实验组合划拨资金。

（6）管理层定期监控新兴和颠覆性业务。

（7）着眼未来，进行基础建设（ERP、网络、数据、基础设施）投资。

通过将框架嵌入计划周期，管理层可以认识到数字化转型是一个漫长的过程，无法一蹴而就，至少需要数年时间才能完成。行业的远景规划对于把握总体方向具有一定指导意义，知道从哪里入手则意味着可以设定更加切实可行的目标。

考察目标设定的一个有效方法是将企业放到数字化成熟度矩阵中。该工具针对不同数字化要素划分出多个成熟度水平。每一家公司都应该根据自己的战略，确定其就每项要素希望达到的成熟度水平。在某些领域，战略可能决定企业是否能够占据行业领导地位；而在其他领域，战略则可能决定企业是否能够快速跟上行业的发展。对成熟度模型进行年度评审，将有助于跟踪企业目标的进展情况。

随着时间的推移，企业将不再需要刻意将数字化纳入其管理议程。数字化将植根于管理层的经营理念中。

▶ 5.7 经济论据

油气行业的高管们对数字化转型仍持有怀疑的态度。2017年底，卡尔加里一家大型石油公司的首席执行官想知道关于上游数字化转型的商业案例："只要你能说出一个借助数字技术将桶油成本降低3美元的案例，自然就能引起我的注意。"现在目标已经确定，在经过数年的成本削减和断臂求生后，油气行业是否还有一些重大问题有待解决？数字创新究竟能否对油气行业起到改善与帮助的作用？为了实现每桶油节约3美元的目标，我们假设在一家日产量为100万桶的企业中，每桶油的生产成本是25美元，那么我们需要将生产成本降低12%。假设在生产成本中，25%是劳动力成本（6美元），20%是能源成本（5美元），30%是资本成本（7.50美元），15%是服务成本（3.75美元）。

将每桶油的标准生产成本定为 25 美元肯定不妥，因为没有哪家公司能够将所有资产、所有井的生产成本始终维持在这样一个水平上。有些油井的生产成本会远超这一数值，有些则会低很多。当然，对于成本较高的资产（如油砂），25 美元的生产成本大约是合适的，而且还是在乐观的情况下才能达到这一水平。

5.7.1 挑战正统观念

油气行业的运作建立在一系列基础前提或正统观念之上，而数字创新可能会对这些观念提出挑战。这些正统观念严格限制行业创新、异见，并使思维和问题解决模式逐渐趋同，从而导致油气行业的商业模式受到束缚。以下是勇于改革创新的油气公司，企图寻求创新以改变行业成本结构时，遇到的一些正统观念。

我们从小就接受一种正统观念，那就是和陌生人说话以及上陌生人的车是不安全的。但现在，我们会用手机叫来一个陌生人，然后毫不犹豫地坐上他的车，在到达目的地后，我们无须支付现金就可以转身离开。

5.7.1.1 正统观念 1：基础设施由人工控制

整个油气行业的资产和基础设施都是由人工控制。国家石油公司甚至还担任着类似该国人才中介的角色。放眼望去，随处可见软垫座椅，以人为中心的控制装置：方向盘和后视镜、脚踏板和操纵杆。无论是卡车、钻机还是控制室，周围总是有很多人，而且一切活动都围绕着人进行。油气资产不能自我控制、自我管理或者自我诊断。它们充其量只具备自动报警功能。

油气行业是世界上时薪最高的行业之一。随着油气行业出现技能人才的短缺，所有工种都在加薪。澳大利亚的一些海上天然气项目甚至每年需要为"洗衣工"支付超过 20 万美元。更糟糕的是，这些高薪抬升了办公室文职服务和油田现场服务的成本。

> **机器人流程自动化可使桶油成本降低 0.90 美元**

目前，自动驾驶卡车、自动驾驶火车已经出现，在不久的将来，无人驾驶直升机也将问世。这一切只是开始。只有人类才能读表盘、操作控制装置并采取相关行动的时代很快将成为过去。在油气行业的许多领域，机器人完全可以取代人类。仅就前端而言，机器人就已经取得了长足的进步，采矿业从大约 10 年前就开始使用机器人卡车了。利用数字创新，油气行业可实现单人钻探、单人操作钻机、无灯工厂、自动化储罐和管道检查、机器人焊接和基于无人机的油田监控作业。卡尔加里的一家公司使用机器人流程自动化来处理矿区土地使用费，与以人为中心的传统方法相比，数字技术使生产效率提高了 95%。

机器人不需要休息，也不需要放假或是培训。在处理明确任务时，机器人的生产效率显著高于人类。因此，中国成为全球第一大工业机器人消费国也就不足为奇了，即使拥有劳动力成本优势，机器人的价值也依然显而易见。

机器人可以取代 10% 的前端人工成本和 50% 的后端人工成本。

5.7.1.2　正统观念 2：数据是一项开支

我们可从大型数字企业的经验中学到，数据其实是一项资产，而且还有可能是一项关键资产。然而油气公司目前仍将数据视为一项支出。数据通常不会反映在资产负债表上，也不会作为战略资源进行管理。数据孤立地掌握在各个职能部门手中，按运营、工程、设施和资产等部门划分。受过培训的工程师知道数据的价值远不只是硬件系统。首席数据官很少参与数据政策、数据收集和使用规则以及数据共享和分析机制的制订工作。澳大利亚最大的天然气生产商估算，他们的工程团队将 40% 的时间用于收集、整理与分析工作所需的正确数据。

清晰且一致的数据可降低桶油成本 1 美元

北美一家大型油气公司已经看到这个机会，并意识到低质量数据最终将会妨碍机器人的正常工作。因此，该公司已经开始着手清理低质量数据（最初针对工程数据），纠正错误标签，并将不同的数据库链接在一起。精简后的工作计划可以迅速节省开支，减少错误并获得更加安全、健康的结果。该公司预计，在日产量约为 100 万桶的情景下，平均桶油成本可节省约 1 美元。而这还是在未考虑通过创建数字孪生工厂进行生产优化，采用 3D 打印提高零部件生产速度，以及降低整个供应链成本的情况下得出的结果。

5.7.1.3　正统观念 3：像管理项目一样管理业务

常规油气井被视为独立项目，彼此之间几乎没有相似之处。事实上，上游资产更像是建筑项目，每一栋建筑都是定制的。监督、融资、报告和执行方法遵循了项目管理界的做法。灵活性才是王道。当地质情况不确定性增大、油气价格上行时，人们会忽视项目执行成本的增加，误以为这是微不足道的。

几十年来，油气公司与油气服务公司之间的接口并没有发生实质性的改变。它受两者之间的关系以及历史渊源（而非冷冰冰的行业逻辑）的影响。沟通交流仍然以打电话为主，而工作追踪也依然全靠 Excel 完成。

像制造商那样管理业务可使桶油成本降低 0.40 美元

借助人手一台的智能设备、无处不在的网络、流畅的分析运算、云计算和即时通信技术，企业现在有能力将制造思维融入油井交付和资产维护等基础实践中。创新型公司无须等到资产发生故障后，随便向一家服务公司发送随机的服务订单，而是可以使用大数据来识别资产何时可能出现故障，然后安排其精挑细选出的服务商提供预防性维护。早期采用者已经抓住这一机会，通过缩小操作单元、降低作业价格、优化操作、改善油田服务质量、提高生产水平、减少道路行驶里程、提高工人生产力等措施，实现了 15% 的成本节约。可类比优步的案例，但把背景换成油气行业。

5.7.1.4　正统观念 4：能源管理方式已无法优化

油气行业的能源管理方式与其他行业大致相同。虽然能源供应合同可能由采购部门统一洽谈，但能源消耗的管理仍然呈高度分散的特点。各业务单元经理都有自己的能源成本预算，只不过这些预算很少受到关注。很少有企业（包括油气企业）会花费精力，通过权衡企业内不同单位之间的能源输入或成本来优化整体能源供给。

发动机的首选燃料仍然是柴油，工厂的首选燃料则是天然气。但是，在碳价不断上涨，可再生能源成本持续下降的情况下，这种逻辑还能站住脚吗？

优化能源输入可降低桶油成本 0.50 美元

谷歌为我们充分展示了这一点。谷歌工程师确信他们数据中心的能源消费结构是最优的。毕竟他们运营着全球最大的数据中心，谁还能比他们做得更好？

通过将数据中心每台服务器和交换机的所有计算负载、机器特性和配置、运行温度、发电和用电数据，连同天气数据（数据中心向阳侧升温速度比背阴侧更快）、能源定价和电网性能等数据，一起输入人工智能引擎，谷歌将能耗进一步降低了 20%。如果由人工使用诸如 Excel 等功能有限的建模工具，将无法洞察类似的节约成本机会。

油气生产商无论规模大小，都具备同样的潜力：可利用人工智能技术优化整个车队的能源消费结构；部署数字传感器可将每项资产转变为能源的消费者兼生产者，从而提高能源管理的灵活性；先进的油气生产商在采油井上安装太阳能电池板和电池来为泵及设施提供驱动力，并使用数字化工具对网络进行管理。真正急迫的是，要充分利用伴生的天然气，否则这些天然气可能会燃烧或排放。伴生气可用于小型涡轮机发电，从而为油井附近大型集装箱内的比特币挖矿机提供动力。

5.7.1.5 正统观念 5：纸质化流程效果更好

油气行业相关企业之间的文书往来量巨大，包括征求建议书、采购订单、请购单、装箱单、规格书、保修单、合同、发票、协议和合规报告等。时至今日，油田仍然使用手写工单，带夹写字板的使用有增无减，而供应链上传输的合同文件更是不计其数。其中大部分文件是多年来为确保良好业务控制而制订的，对财务、生产会计、供应链和工程部门具有重要意义。一些公司的商业模式介于石油公司和油气服务公司之间，能够在放款问题出现之前就先行修复问题数据。

所有文书处理工作都是有成本的。就我所知，至少有一家油气公司，为了确保达到水资源法规的各项要求，雇佣的相关人员比勘探部门的人数还要多。德勤经济研究所在 2014 年的一项研究中，试图计算出繁文缛节对澳大利亚经济的影响。他们得出的结论是，遵守各类管控措施（其中大部分是由企业自行规定的）所造成的成本，占到澳大利亚经济总量的 25%。

与业务合作伙伴共同部署区块链可使桶油成本降低 0.50 美元

采取这种业务经营方式的根源在于各方之间缺乏信任。区块链技术已向企业证明，用技术创建高信任系统可以消除很多成本。两家全球超级巨头在彼此间的石油产品销售、运输、存储和购买业务中部署了区块链。它们认为，此举可以减少 30%～50% 的后端处理成本。一些重要商业文件（如发票）今后将彻底失去存在的意义。

5.7.2　小结

由此计算下来，桶油成本大约可节省 3.30 美元。而且我认为，这还只是小打小闹。我们还没有考虑到建设周期及其改进空间，或者数字孪生技术如何优化工厂生产，又或者使用增强现实和视觉分析以提高工人绩效这些因素。

油气行业面临的真正问题其实是另一个正统观念，该行业需要依靠大规模解决方案来节约大量成本。我们需要将这一正统观念连同其他所有正统观念一并推翻。

▶ 5.8　要点梳理

董事会必须高瞻远瞩、审时度势，数字化转型需要得到董事会的关注。

（1）数字创新所蕴含的机遇和风险因企业而异。如何实现数字化转型没有一个统一的答案。

（2）董事会需要更好地引导企业度过变革期并提高企业的数字化能力。

（3）现有战略规划经过适当调整可以适应数字创新。

（4）油气行业需要建立一个全新的生态系统，以便利用数字创新实现发展。

（5）在飞速变化的世界中，企业必须大胆改革、积极进取。

（6）数字创新能够为企业带来可观的经济效益。

参 考 文 献

Green Car Congress. "Berkeley Study Finds Self-Driving Electric Taxi Fleets in Manhattan Would Deliver Significant Cost and Environmental Benefits,"（March 30，2018）：http：//www.greencarcongress.com/2018/03/20180330-saev.html.

International Organization of Motor Vehicle Manufacturers. "2017 Production Statistics," OICA.net：http：//www.oica.net/category/production-statistics/2017-statistics.

Kaggle：http：//www.kaggle.com.

Richard Evans and Jim Gao. "DeepMind AI Reduces Google Data Centre Cooling Bill by 40%,"

Deepmind.com (July 20, 2016): https://deepmind.com/blog/deepmind-ai-reduces-google-data-centre-cooling-bill-40.

Deloitte. "Rules Eat Up $250 Billion a Year in Profit and Productivity," Deloitte.com (October 29, 2014): https://www2.deloitte.com/au/en/pages/media-releases/articles/rules-eat-up-250-billion-a-year-271014.html.

后 记

在澳大利亚布里斯班工作了4年后,我于2016年底返回艾伯塔省卡尔加里,开始着手认真研究颠覆许多行业既定秩序的数字变革浪潮。在探索的过程中,我有幸接触了许多企业、政府、贸易协会、初创公司、加速器、金融机构、智库、高校、会议以及技术公司的董事会。我将研究结果以系列文章的形式陆续发表在博客上,该博客主要是从不同维度探讨石油价值链、新兴数字技术,以及业内早期采用者在管理方面遇到的挑战问题。2018年初,我开始将这些文章整理成册,就像一个裁缝工人用边角料东拼西凑出一幅挂毯一样(文中疏漏之处,请读者海涵)。

目前尚不明确数字创新对油气行业的影响是否与其对娱乐、零售、金融服务和新闻媒体等行业的影响一样。毕竟,油气行业关注的不是信息,而是实物资源,且这些资源无可替代。如何将数据、分析和通信结合起来以降低成本、提高生产力和扩大资源规模?对数字化持怀疑态度的人(大多数人)认为,数字化要么是一种寻找问题的解决方案,要么就是科技公司以牺牲客户利益为代价谋求财富的另一种手段。数字化的倡导者(少数人)则提出,一些早期迹象表明,数字创新可能会通过创建截然不同的商业模式颠覆整个行业。这方面的例子包括:破坏需求的移动即服务应用程序(在人口密集的城市,这些应用程序实际上消除了人们对拥有私家车的需求);破坏燃油销售业务的送油到车模式(这类模式将使加油站被淘汰);扩大供应的机器学习算法(它将高端地质物探业务带入低端市场)。至少,关于数字解决方案的商业案例已经非常具有说服力了。

我个人认为,跟上数字化转型的步伐并非易事。与许多业内人士一样,我倾向于以线性的方式思考问题。让任何一位高尔夫球手在球道上目测出30码的距离，他都可以随手指给你看，甚至还可以挑选出合适的球杆来击球。但是，让同一位高尔夫球手用步子测量出 2 的 30 次方（2^{30}）码，任务立刻变得难以完成。因为这个距离大约是地球周长的 26 倍。那些已经开始了解数字化变革，并试探性地采取相应措施的企业将获取竞争先机，并且随着它们每迈出一步，其他企业迎头赶上的机会都将变得更加渺茫。

在刚开始着手研究时，我不认为任何其他车企会在电动汽车、太阳能屋顶和蓄电池方面效仿特斯拉，但事实却是，日产（Nissan）宣布它将采用相同的商业模式。在我看来，谷歌眼镜是一款失败的产品，但事实并非如此，它只是迈向工业化增强现实的初步大胆尝试。我认为区块链是黑市买卖武器的工具，它也确实如此，但沃尔玛却用它来提升食品安全，保护客户免受食品引发疾病的影响，而保时捷也即将在其汽车上应用这项技术。我禁用了手机上的语音助手功能，原因是它无法理解我的指令，尽管现在的状况仍无任何改善，但 IBM 的 Watson 系统却让伍德赛德有机会利用上千名工程师的工作结晶。

我为人们的前途感到担心。今天，对于一个 55 岁的人来说，以管理土地协议为生可能没有问题。但对于一个 45 岁的人来说呢？我不认为这个职业 20 年后还能存在。那么对于一个 35 岁的人来说呢？还是算了吧。数字创新将导致大量工作岗位彻底消失，而大多数人既没有为这种转变做好准备，也不会思考他们需要哪些新的技能，更没有养成终身学习新能力的习惯。大多数人并没有与母校学习机构保持密切联系。我曾经开玩笑说，对于一个有着 30 年工作经验的 55 岁的人来说，实际上只有 1 年的经验，剩下的 29 年经验无非是对第 1 年经验的重复。雇主需要通过加强再培训来留住人才，但许多企业尚未做好这方面的准备。幸运的是，高校正在将注意力转向培养学生未来所需的工作技能，但随着变革速度的加快，它们的行动能否跟上变革的脚步？

整个油气行业都需要转变思维，为接受数字创新做好准备，而这一切需要从董事会开始。眼下，投资者们正在纷纷向董事会大力施压，要求他们妥善应对气候变化问题以及淘汰化石能源对股东的影响。数字创新可以通过降低与可再生能源竞争的成本，以及减少其碳足迹来延长现有化石能源系统的寿命。很少有技术能够同时兼具低成本、高生产率、长资产寿命和低环境影响等竞争优势。而且，这还是在没有考虑到可能出现全新的颠覆性商业模式的情况下。

后记

当然，油气行业也可以选择等到有更多的案例涌现，等其他人迈出第一步，等数字创新风险彻底解除，并且政府制定合适的税收政策后，再开始行动。但是这种策略注定是失败的。现在是时候着手开始数字化转型了。我很欣赏理查德·布兰森（Richard Branson）对维珍集团（Virgin Group）提出的经营理念，那就是"管它呢，我们干吧！"

致　　谢

Rachael 和我本人由衷感谢为本书的研究和成稿贡献出宝贵时间、知识和提出意见的各位人士。

我们特此向以下人士表示感谢：Ron Brookfield、Crissy Calhoun、Ryan Cann、Bruce Conway、Dipankar Das、Dr. Ken Dick、Ian Enright、Judy Fairburn、Rony Ganon、Jean-Michel Gires、Michael Habeck、Lyon Hardgrave、David Hone、Ana Johns、Greg Lake、Aidan McColl、Magesh Pillay、Marc Pritchard、Linda Salinas、Heather Sangster、Laurel Skidmore、Andrew Slaughter、Doug Smith、Dr. Prashanth Southekal、Billy Spazante、Terry Stuart、Steve Suche、Brian Truelove、Dominika Warchol-Hann、Trena White 和 Randy Wilson。

术语表和缩略语

2G、3G、4G、5G：无线通信的不同标准。3G 比 2G 大约快 10 倍；4G 比 3G 快 10 倍；5G 比 4G 快 10 倍。

A

加速器（accelerators）：适于一组初创公司的计划，期限通常固定，主要特点包括：种子轮投资、接触经验丰富的企业家、导师、培训和推介准备。

增材制造，3D 打印（additive manufacturing）：将材料按照设计的方式从喷嘴喷射出来，逐层堆积，制造出实体物品的生产工艺。

广告软件（adware）：向在线用户自动展示广告的软件。

支出授权（AFE）：油气行业中某项业务（如钻井）财务支出的审批流程。

敏捷（Agile）：一种涉及迭代开发的软件开发技术，通过跨功能团队之间的协作不断推进需求和解决方案。

AI：人工智能。属于计算机科学领域，由计算机系统执行类似人类的任务，如视觉感知、语音识别、决策和翻译等。

气隙设备（air gap）：装有可处理数据的传感器，但不能无线连接到网络的设备。

API：（1）美国石油学会。（2）API 重度表示原油密度相对于水的密度的关系。API 重度大于 10 的原油会浮在水面之上，小于 10 的原油会沉浸在水下。

应用程序编程接口（Application Programming Interface，API）：可使不同的系统间完成交互的一套可重复使用的应用程序（例行程序、协议和工具）。

AR：增强现实。将计算机生成的图像与真实场景进行叠加。

ATOMIC：在区块链中是资产（asset）、信任（trust）、权属（ownership）、资金（money）、身份（identity）和合约（contract）的缩写。

B

bbl：桶。原油体积的常用量度。1 桶原油相当于 35 英制加仑或 42 美制加仓。7桶原油大约重1吨。有关原油计量的单位转换，可在石油输出国家组织（OPEC）、国际能源署（IEA）及许多石油公司的网站进行在线查询。

海量数据（big data）：超大数据集中的非结构化数据。

位（bit）：数据的二进制表示。一个二进制位只能表示两种状态，要么开（由正电荷或数字1表示），要么关（由负电荷或数字0表示）。

比特币（Bitcoin）：基于区块链技术的一种加密数字货币。

调合（blending）：在油气行业中，将两种看起来相似但化学性质不同的产品进行混合，生成第三种产品。例如，高硫柴油与无硫柴油调合后产生低硫柴油。

区块链（blockchain）：一种结合分布式计算和数据加密的创新技术，可实现无须基于信任的商业交易。

BOE：桶油当量。该术语是对能量量化单位的简写，相当于一桶原油中的能量。

BOM：物料清单。

BP：英国石油公司。

棕地（brownfield）：现有的运营资产或设施。

字节（byte）：8个二进制位。由于每个二进制位或者是0或者是1，因此，8个二进制位可以表示256种可能的0和1组合，或者说，这些组合足以表示10个数字（0到9）、26个英文字母（A到Z）及其他有用符号，如小数点、逗号和破折号等。

C

罐装（canning）：指将少量燃料装入油桶中进行运送的做法。

总量管制与交易（cap and trade）：一种限制温室气体排放的经济机制。总量管制限制了获准的绝对排放量，交易则允许过度生产的公司与生产不足的公司交易排放能力。

CH_4：甲烷。其化学成分为1个碳原子和4个氢原子。

封闭数据（closed data）：不能自由共享或流通的专用数据。

云计算（cloud computing）：通过互联网浏览器提供的共享计算机处理和数

据存储服务。

压缩机（compressor）：给气体加压以减小气体体积的泵。

常规井（conventional）：指主要依靠自然能量（地下压力）将油气举升至地表的油气井。

CRIND：自动加油机中的读卡器（card reader in dispenser），也被称为"自助加油"（pay-at-the-pump）技术。

原油品种（crude slate）：炼油厂采用的原油方案，是炼油厂盈利能力的重要决定因素。

网络活动（cyber）：指专门在网上进行的活动。

D

数据湖（data lake）：将数据集整合到一起，以便于搜索和访问。

DDoS：分布式拒绝服务。利用数百万个同步服务请求对计算机系统进行的攻击，导致接收系统不堪重负并拒绝合法请求的访问。

滞期费（demurrage）：超出约定期限后，滞留运输资产所产生的费用。在航运领域，当船舶超出租船期限后进行港口装卸时，会产生滞期费。

数字孪生（digital twin）：进行模拟、预报、行为预测和培训时使用的虚拟实物资产。

DLT：分布式账本技术（distributed ledger technology），也称为区块链技术。

井下泵（downhole pumps）：位于井底并将液体泵送到地面的水泵或油泵。

下游（downstream）：油气行业中向最终消费者销售石油炼制产品的活动，包括批发、零售和贸易。

DR：数字现实（digital reality）。虚拟工具和技术与增强现实工具和技术的融合。

动力传动系统（drivetrain）：车辆中传送行驶动力的机械部件。汽车的主要动力传动系统是内燃机和传动系统。电动汽车的动力传动系统是电动机。

无人机（drones）：无人驾驶交通工具，通常指无人驾驶飞行器，但也包括无人驾驶潜水器和船只。

非智能技术（dumb technology）：指未配备机载传感器、网络通信等数字功能的硬件或设备，如泵和电机等。

E

生态系统（ecosystem）：指共同支持初创公司和成长型公司稳步发展的一些教育机构、金融家、智库、供应商、房地产设施、企业家和公共机构。

EPC：工程（engineering）、采购（procurement）和建设（construction），指提供这些服务的企业。

ERP：企业资源规划（enterprise resource planning），指提供单一数据库和一系列跨部门（如经营、财务和营销）例程的计算机系统。

EV：电动汽车。

勘探：油气行业中寻找可采油气藏的活动。

F

FEED：前端工程设计（front-end engineering and design）。工程项目生命周期中的早期设计阶段，主要是制订技术问题解决方案并估算投资成本。

现场服务（field services）：油气设施（通常是油井、储罐和管道）所需的服务，包括检查、维修和维护。

平面数据库（flat database）：一种将数据存储在简单的行列表格中的数据库设计方法。

流量测量（flow measurement）：测量流体（如在管道中）流量的技术。

G

G&A：综合行政管理费用（general and administrative）。

游戏化（gamification）：一套利用人类竞争偏好和成瘾性的编程技术。

甘特图（Gantt chart）：将工作计划直观地呈现为一系列与任务持续时间相对应的水平条的项目管理工具。

发电机组（genset）：使用柴油或其他燃料的发电机。

GHG：温室气体（greenhouse gas）。在大气中积聚、聚集热量并使地球温度缓慢升高的气体，如甲烷和二氧化碳等。

绿地（greenfield）：按计划尚未投产的运营资产或设施。

H

最低资本回报率（hurdle rate）：投资获批所需实现的绩效指标，通常指财务指标。

Hysys：用于模拟过程制造的软件产品。

I

IBM Watson：IBM 人工智能工具和技术的集合。

ICE：内燃机（internal combustion engine）。

孵化器（incubator）：通过提供管理支持、办公空间等服务，帮助新公司和初创公司发展的公司或机构。

加密钻探（infill drilling）：在油气田开发过程中，将新井建在现有油井附近，以利用现有设施，如备用油罐和管道等。

IoT：物联网（the Internet of Things）。将具有一定计算能力的网络设备进行互连，使其可以相互交换数据。

IT：信息技术（information technology）。也指支持商业 IT 业务（如电子邮件服务和 ERP 系统等）的组织。

K

Kaggle：数据科学项目的众包平台。

L

大数据（large data）：大型但结构良好的表格型数据集。

激光雷达（LIDAR）：通过用脉冲激光照射目标并用传感器测量反射脉冲来测量距离的技术。

线性程序（linear program）：炼油厂采用的一种数学模型，在考虑炼油厂物理限制因素的情况下计算炼油厂的收率、产能、能源需求及调合比例。

LNG：液化天然气。"天然气"是指在室温和大气压力下为气态的碳氢化合物（甲烷、乙烷、丙烷、丁烷）。如果冷却或注入加压容器中，气态可以转化为液态。例如，甲烷在 −162 摄氏度时会转化为液态。

LTE：长期演进（long-term evolution）。下一代无线传输协议的名称。

LTO：轻致密油（light tight oil）。在某些类型的页岩中发现的粘度极低的原油的简称。

M

元数据（metadata）：描述数据的数据。例如，照片的元数据包括照片拍摄的日期和位置以及用于拍摄的相机。

中游（midstream）：油气行业中将原油和原料气运送到炼油厂，并将这些原料提炼成有价值产品的活动。

MoC：管理变革（Management of Change）。以安全的方式在工厂环境中改变工业、化学或机械流程的过程。

登月计划（moon shot）：俚语，指高风险、高回报投资。

摩尔定律（Moore's Law）：英特尔创始人戈登·摩尔（Gordon Moore）的研究成果，即计算机芯片上晶体管的密度似乎每18个月翻一番。

MR：混合现实（mixed reality）。现实世界与虚拟世界融合，产生的一种实物与数字对象之间可以交互的新环境。

MVP：最小化可行产品（minimally viable product）。为激励潜在用户进行试用而提供了充分益处的一种软件解决方案版本。

O

含油盆地（oil basin）：油气聚集的地质构造。

清管器（oil pigs/pigging）：插入管道中，沿管道长度记录检查数据（破裂、腐蚀、损坏和沉积物等）的检测设备。

公开数据（open data）：第三方可以自由使用的公共领域的数据。

Oracle：一种企业资源规划（ERP）系统。

OT：操作技术（operational technology）。也指为业务运营（如SCADA和传感器）提供支持的组织。

P

渗透率（permeability）：液体利用岩石中的裂缝和通道流过岩石的能力。

孔隙度（porosity）：岩石中含有油气的空间。

Primavera P6：一种资本项目规划软件产品。

过程制造（process manufacturing）：指连续不间断地生产商品的技术，例如，化工生产、造纸和炼油。

R

勒索软件（ransomware）：一种计算机病毒，除非支付赎金，否则该病毒会锁定对系统的访问或威胁破坏计算机系统。

关系数据库（relational database）：一种数据库设计，其中数据存储在通过公共键或标识符相互关联的多个表中。

风险矩阵（risk matrix）：根据风险影响的范围及其出现的概率来展示企业所承受风险的风险管理工具。

RPA：机器人流程自动化（robotic process automation）。用于自动化例行任务的软件工具和协议。

S

S4/HANA：SAP 的一个版本，旨在利用云计算等数字创新技术。

SAGD：蒸汽辅助重力泄油（steam-assisted gravity drainage）。将蒸汽注入油砂沉积层中降低油的黏度，使油能够通过采油井流到地表的采油技术。

SAP：一种企业资源规划（ERP）系统。

SCADA：数据采集与监控系统（supervisory control and data acquisition）。用于监控运行设备和收集设备性能相关数据（如温度、加工量、液位和能耗）的计算机系统。

智能技术（smart technology）：采用数字技术的硬件或设备，如泵和电机等。

门禁管理（stage gate）：以渐进的方式对资产进行设计和工程建设，并在开发过程中定期设定审查决策机制以批准或暂停工作的工程管理方法。

策略选择级联（Strategy Choice Cascade）：由多伦多大学罗特曼管理学院前院长罗杰·马丁（Roger Martin）开发的一种策略方法。

潜水器（submersibles）：在水下作业的无人驾驶潜水工具。

T

TAN：总酸度（total acid number）。原油中酸性化合物的衡量指标。

Trojan：一种无须通过常规安全控制即可访问系统的软件设备。

大修（turnarounds）：将运行中的设施停工以进行维修和维护的活动。

U

UI：用户界面（user interface）。

非常规资源（unconventional）：指使用非常规技术进行开采的油气资源。

上游（upstream）：油气行业勘探和开发过程，以及将油气聚集起来运往炼油厂的活动。

可视化（visualization）：以便于理解和分析的方式呈现信息的技术。

V

VR：虚拟现实（virtual reality）。计算机生成的 3D 图像或环境模拟。

W

瀑布开发方式（waterfall method）：一种逐步开发和审批新解决方案的需求和规范的软件开发方式。

湿件（wetware）：与软件（代码）和硬件（芯片）不同的人类智能。